岭南文化世家
传记丛书 — 第一辑

治学续家风　文质两炳焕
詹安泰家族

黄河方 / 著

ZHAN ANTAI JIAZU

华南理工大学出版社
·广州·

图书在版编目（CIP）数据

治学续家风　文质两炳焕：詹安泰家族 / 黄河方著. —广州：华南理工大学出版社，2016.8
　（岭南文化世家传记丛书. 第一辑）
　ISBN 978-7-5623-5062-0

Ⅰ. ①治… Ⅱ. ①黄… Ⅲ. ①詹安泰（1902—1967）—家族—史料 Ⅳ. ①K820.9

中国版本图书馆CIP数据核字(2016)第198263号

治学续家风　文质两炳焕：詹安泰家族
ZHIXUE XU JIAFENG　WENZHI LIANG BINGHUAN：ZHAN ANTAI JIAZU
黄河方　著

出 版 人：卢家明
出版发行：华南理工大学出版社
　　　　　（广州五山华南理工大学17号楼，邮编510640）
　　　　　http://www.scutpress.com.cn　E-mail: scutc13@scut.edu.cn
　　　　　营销部电话：020-87113487　87111048（传真）

策划编辑：王　磊
责任编辑：王　磊
印　刷　者：广州星河印刷有限公司
开　　本：787mm×960mm　1/16　印张：10　字数：134千
版　　次：2016年8月第1版　2016年8月第1次印刷
定　　价：48.00元

版权所有　盗版必究　　印装差错　负责调换

目录

家族大视野

山色树香与诗礼传家　　/ 2
润丰楼边有座学文堂　　/ 5

岭南词宗：詹安泰

十岁能诗十二岁能词　　/ 10
名士养成记　　/ 14
别开词境，接力岭南词宗　　/ 23
爱书，藏书，著书　　/ 30
那时教授们的生活　　/ 35
那时大学生的学习　　/ 41
一代词家的终点　　/ 50
恰似一江春水向东流　　/ 58
孩子教育，重诗词重陪伴　　/ 64
45年后的同一天，她与他相会　　/ 71

语言学家：詹伯慧

公子不傲骄，过目不忘 / 76
公子爱挑战，自选语言学 / 79
发现军话，一鸣惊人 / 83
父子同编高等教材 / 87
父子同为"运动员" / 91
好的老师都是一样的 / 97
曾经，只有《新华字典》一本字典 / 102
方言界有支詹家军 / 105
《东瀛杂记》见传承，文士笔墨显情怀 / 112
父母在家应跟孩子讲方言 / 120
多做语言的导游，少做语言的警察 / 125

英超解说第一人：詹俊

我们詹家是读书人 / 128
无詹俊，不英超 / 134
把解说当成一门学问来做 / 141
传承严谨家风，不烟不酒少社交 / 149

尾 声

所谓世家，贵在精神的传承 / 154

治学续家风
文质两炳焕

家族大视野

JIAZU DASHIYE

詹安泰家族

何谓「书香门第」？「书」泛指有三教智慧传承的书；「香」指祠堂家庙、家谱；「门」指地位得到认可；「第」则指每百年，就出一个对社会有用的人。依此来看，詹家可谓有名的书香门第。

而斗转星移、世代繁衍，这种书香门第、诗礼传家已深深融入詹家人血脉，烙印在詹家人心中，并转化为外显的文化性格与价值取向，终成文化世家。

山色树香与诗礼传家

饶平位于潮州北部,取"饶永不瘠,平永不乱"之意,土地富饶,且没有战乱,一派安定和谐,说得上是世外桃源。可以想象,北宋末年久经战乱的詹姓先祖到达此地时会是何等喜悦,从而定居下来,世代相传至今。

越往北,越是峰峦叠嶂,千峰挺秀,新丰镇就位于一处山间盆地之间,左右两座山脉合围住,风水上讲是双龙吐珠的位置。所谓山川育人,人灵地杰,也正是从这里走出了一位岭南词宗——詹安泰。饶平中北部的风景具体如何秀丽,行走其间的感觉是什么样的,从这两副对联中可知一二:

一路树香,引人入胜;览观山色,且住为佳。

一路径行,适此有亭堪驻足;览山寻胜,应知无客不停骖。

饶平山水

润丰楼

　　五祉岭上有一座览亭，古时候，这是饶平通往潮州的必经之路。上面两副对联是詹安泰为此亭东门和西门而作，均就眼前所见展开，树香，山色，亭子，让人忍不住停下来。日常行走其间的詹安泰自也从这自然山色中获益匪浅。

　　具体到家门口，詹安泰也有诗提及：

　　我本鄙人家山乡，左右回溪面横塘。秋风时飘连林叶，白鹇每起抟沙冈。笑呼逐逐邻童子，捕雀上树鱼入水。斋中瓷缸养红鲤，鸟笼百十排廊尾。

　　回溪池塘，林叶白鹇，抓鸟捕鱼，记述的是诗人小时候的快乐时光。而笔者发现，饶平不只古时候或民国战乱时能"平而不乱"，就是抗日战争时期也算一方净土，那时日本人打到了潮州、汕头等沿海地

区,但没有进入潮州北部山区,千峰挺秀的山色让这一方宁静得以保留。一直到今天,城市里的你如果来到这里,宁静是你最大的感受。

在这样一片秀丽山川宁静村庄中,就生活着诗礼传家的詹家。

詹姓是饶平地区的最大姓。

其起源久远而说法甚多,詹氏采纳较多的一种说法是:出自姬姓,为周文王之后。《姓苑》所载,周宣王庶子封于詹,建立詹国,为侯爵,史称詹文侯,其子孙以国为氏。

粤东的詹姓,始于北宋末期。相传靖康年间,金兵渡过黄河,进逼都城东京(今河南开封),一路上烧杀抢掠。原籍江西广昌的詹学传携家人南迁,先到了福建汀州宁化石壁村,后来一部分又从石壁村再移居广东大埔长窖村。他们劈山建宅,垦荒造田,耕读课子授徒。其后世子孙繁衍,并不断向外拓展,遍及饶平新丰、建饶、九村、饶洋、上饶、上善等客属山区镇,下迁则有三饶、樟溪、黄冈等镇,外迁又有澄海、潮安、揭阳、潮阳、普宁、惠来、丰顺以及台湾等地。

今天,大埔、饶平、龙岩、台湾等地詹氏皆奉詹学传为祖先。

虽然詹学传的具体身份、官职和历史贡献,目前还存在争议,但读书人这一身份却是可以确定的,一直传下来的"设馆讲学"更是塑造了一代代詹姓后人的文化性格与价值取向。

对詹氏先祖来说,找一个安居之所应是首要的,读书或许并未被其视之为工具,用以改变自身阶层命运,而是一种自觉,一种血液里的经世致用,先天下之忧而忧的情怀。只不过,世代繁衍之后,当读书改变命运这一规则切实发生在詹氏后人身上时,才转化为一种手段。另一个客观现实是,人越来越多,而土地并未增长,离海不远的人们自然而然向外寻求发展。这时,读书,既能为个人谋得实实在在的出路,又延续了祖先的理想。

润丰楼边有座学文堂

土楼说得上是以读书改变命运这种思想的一个外化标签。在楼里，詹氏后人聚族而居，共井而饮，读书不只是个人的荣耀，更是家族的荣耀。

饶平全县有土楼600多幢，其中饶北就有300幢，最早建于明代的祠东饶宗楼，有"未有饶平县，先有饶宗楼"之说。最大的是上饶马坑镇福楼，直径120米，高四层，60间。这些土楼楼联的内容基本上只有两类：一类是表达美好愿望，一类是不忘诗礼传家，如：

永善东华楼联：东成西就南通北达，华安千秋年冬永春。
石井东作楼联：东里朝彭城礼乐诗书绵世泽，作仁乐石井士农工贾振家声。
水东德馨楼联：德着汉南名扬渭水，馨蕃竹岭落处西山。
三饶新韵楼联：新尚文新文章华国知新义，韵谐诗韵诗礼传家雅韵流。
……

其中，最具光环的土楼是在今饶洋镇陈坑的八角楼。清时，从雍正至道光的一百余年中，一共出了九名进士和二十名举人，从而有

家族大视野

"八角九进士"的佳话。因为进士、举人考中的捷报未断,八角楼改名为听捷楼,且刻碑来记叙这幢楼的科举文事。

而现在,说到名声在外的土楼,一定会有润丰楼。一是旧时这一幢楼里就出过七位进士,二是近现代出了著名的詹安泰父子,父为当代词宗,子为语言学家。

润丰楼,当地人又称楼仔,位于新丰镇丰联村黄岗河上游大溪西侧,是一座典型的客家土楼。始建于清道光年间,以二进二环围为建筑布局,呈圆形,结构紧凑,小巧玲珑,共有28间房。楼内有公用水井一眼,楼坪中间辟有八卦形地埕,地埕之上全用石块铺成。楼门前是一个半月形池塘。楼外还建有司马第、儒林第、调琴斋、广业轩。一百多年中,这座土楼出过多名贤达人士,从而有一楼七进士之誉。

润丰楼前面是一大片水塘,十分清澈。大门前墙上有两块碑文:其一表明润丰楼于2002年7月被列为广东省文物保护单位,该碑文为饶平县人民政府于2002年8月所立;另一碑文则写着"润丰楼始建于清道光年间"。大门横匾有"润丰楼"三个红字,并有竖书注明"庚辰二零零零年重修"。门的两边是一副对联,右联是"润泽粤东水绿山青万事基",左联是"丰阜饶北民勤德劭千秋继"。

润丰楼正门

在当地，润丰楼被认为是近、现代最富于书香气息的饶北客家土楼，深深渗透着饶北詹氏客家人为改变命运而努力读书的传统。这座楼历经沧桑，现在仍保存得较为完好，且仍在使用。

1902年詹安泰出生于润丰楼。不过他的故居并不在润丰楼，而是润丰楼再往里走一段的学文堂。因为，其父詹挥琼建了学文堂后就从润丰楼里搬了出来。从润丰楼再往里面多走一段路，靠近山边的地方，就能看到学文堂。詹安泰一家三代都住在这里。抗日战争时潮汕沦陷后，他们一度回到这里避难。

这里，要说一下詹挥琼。因为，在当时那个年代那样的条件下，他三个儿子皆是大学生。即便是在现在，这都是相当了不起的，更不要说是民国时期了。

詹老先生名上珍，字挥琼，关于他的材料很少，詹安泰41岁那年写的一首诗中曾说及自己的祖父与父亲：

> 我祖潇潇好画图，欲收天地归吾庐。
> 我父性行独仁爱，晚虽精医出于儒。

从诗中，我们知道其祖父爱画画，父亲医术精湛，性情仁爱，且爱读书，所以是儒医。詹伯慧先生进一步细化了詹挥琼老先生的形象：祖父是当地很有名的老中医，上门求医的人络绎不绝，但他从不收诊金，只是开了药方，让患者到镇上药铺去"拆药"。他自己十分喜欢读书。能够画画，读书，当然要家境殷实才能做到。

可以说，这是一位比较典型的乡村士绅形象。家中有一些田产，靠收租生活，也就是现在说的地主。不过，这位地主在当时可是颇受乡民尊重与欢迎的。詹挥琼一生悬壶济世，对个人修养很是重视，耕读传家，耕不用自己来了，倒是有更多时间精力用于读。在20世纪初的中国的乡村，这样的人是受人尊重的。所以，詹家在当地一直颇有名望，是有名的书香门第。

在当时当地，詹家起码说得上是家境殷实的中产之家，且有长远的眼光。詹挥琼老先生从润丰楼这个大土楼里搬出来，自己盖了学文堂。周围人都叫这幢楼为"书斋"，因为有书，还有读书的人。除了家庭教育，詹挥琼还送三个儿子到外面读中学，然后是大学。而当时当地，虽然有很重视教育的家庭，但读书的风气大不如前，富人一般选择做生意，挥霍享受，很少有人读书。詹家，当然是个另类。

詹伯慧说道：

"我们家这样的，在农村里面很少，那时，哪怕你有钱，也很少读书，一般做生意、讲享受去了。我父亲三兄弟都出到外面读书。老大，就是我父亲，在中大；老二（天泰）在上海的暨南大学读经济；老三（力泰）四十年代日本投降后在中大历史系读书，新中国成立前就毕业了。老三思想进步，当时国民党政府不让他在汕头这边立足，大学毕业后他就跑到马来西亚去。后来在马来西亚教书，一直也都挺受人关注的。"

"三个儿子都送去读书，都学了文，应了祖父'学文堂'的传承。'学文堂'名字出自《论语》：弟子入则孝，出则悌，谨而信，泛爱众，而亲仁。行有余力，则以学文。新中国成立后，我们都出来了。有一阵，二叔回了老家，在饶平县第四中学当了一段时间校长，可是我们这样的家庭出身与成分，又在农村里，阶级斗争逃不掉的，土地改革时受冲击，后来就去世。现在的学文堂是一块荒地，中间挖了一口井，村民去那打水喝。去年（2015年），县里说要重建学文堂，发挥学文堂的文化影响作用。"

治学续家风
文质两炳焕

詹安泰家族

岭南词宗：詹安泰

LINGNAN CIZONG
ZHAN ANTAI

詹安泰，广东省饶平县新丰镇客家人，著名古典文学家、文学史家和书法艺术家。他一生从事古典文学研究和教学，发表了几十篇中国古典文学研究论文，尤其精于诗词的研究、创作，在《诗经》《楚辞》以及词学等领域建树颇丰，日本学者有「南詹北夏，一代词宗」的评誉。

十岁能诗十二岁能词

学文堂具体建于哪一年，现在难以考证。有一点可以确定的是，在詹安泰出生后，也就是1902年以后。据詹伯慧回忆，詹安泰外出读书回来后就已经住在学文堂，而詹安泰是于1912年在新丰启明小学毕业后，去饶平高等小学继续修读学业。也就是说，学文堂建于1912年之前。

推测这个，是因为想进一步从大时代的背景上来看当时詹家是怎样的情况。

1902至1912年，中国正处于一个风云突变的时代。

1894年中日甲午海战后，清王朝的统治就风雨飘摇、走到末路了。1911年辛亥革命爆发，推翻了清王朝，继而又陷入军阀混战。

虽然天然的地理因素让饶北新丰一带即便在抗日期间也能偏安一隅，但改朝换代可是大事件，尤其是对读书人而言。更何况，近现代革命运动几乎都与客家人有关。

宁静如桃花源般的新丰不可能对此一无所知。但又因为远离动乱与争战，詹家的田产收入应该如往年般，没有多大变化。所以，詹挥琼才盖得了学文堂。虽然他自己没有入仕，但其对家国的热爱始终是可以肯定的，并且他的内心是与时俱进的，否则就无法想象他何以把自己的三个儿子送到外面去读书，且成年后都留在了外面。

这是一个旧式读书人对所处时代的思考与应对。

学文堂盖了四间房,詹挥琼自己一间,三个儿子一人一间。虽然三个儿子住的时候并不多。

在这幢被乡民称为"书斋"的房子里,詹氏三兄弟得到了父亲精心的教导。读书识字免不了,少不了的还有呼朋引伴一起玩耍。从詹安泰描写童年的诗句中,可以感受到那种乡间生活的宁静安逸:

> 笑呼逐逐邻童子,捕雀上树鱼入水。
> 斋中瓷缸养红鲤,鸟笼百十排廊尾。

喊上同伴去捕雀,去抓鱼。瓷缸养红鲤,廊尾有鸟笼,看得出家中还是蛮富裕的。

詹挥琼一家虽然从润丰楼搬出来了,不过学文堂就在旁边,仍算与族人住一起,从大的方向看,共井而居的格局并没有改变。詹安泰呢,就是在这样一个大家族中成长的。而从小,他就显示出对诗词的酷爱与敏感。

十岁那年他写了一首长诗,给宗族中负有众望的"狮球牧夫"看见了,大加称赏。过两天,"狮球牧夫"把自己的诗稿《仙岩謄唱》两厚册交给詹安泰,要他将来替他扬名传世。

可惜这首长诗没有留存下来。但能让族中长辈托付自己两本厚厚的诗稿,想来带给人的震惊是相当大的。能让人对一个孩子刮目相看,郑重相对,可见詹安泰的才情之出众。十二岁,詹安泰开始填词,可惜也无作品留存下来,只能从族人、亲人口中得知其时故事。

1937年詹安泰在他第一本词集《无庵词》的自述中写道:"余志学之年,即喜填词。风晨月夕,春雨秋声,有触辄书,书罢旋弃……"可见其填词之早。陈寂在《无庵词》的《题词》里说:"无庵琢词过廿载,颠倒二白百不疑。网罗珠玉蔑不有,鞭笞精怪成瑰

文治质学两续炳家焕风

辞。"陈寂对他还是相当了解的,说他"琢词过廿载"确为实情。

虽然没有顶着神童的光环,但詹安泰从小才名在外已是族人皆知。村民都知道,"楼仔"(润丰楼)有个"书斋"(学文堂),书斋里有三兄弟,长兄安泰吟诗作对很厉害。

1912年在新丰启明小学毕业后,詹安泰进入饶平高等小学继续修读学业。1916年,考入广东金山中学,时称广东省立潮州中学校。按现在说法,就是高中进入了省重点。众所周知,不管现在还是过去,进入省重点的孩子都是非常厉害的。

金山中学现在仍然在办,其前身为建于清光绪三年(1877)的金山书院。在相当长一段时期里,它被民间誉为"岭东最高学府"。1952年,它从潮州迁到了汕头市。詹安泰在校时,当然它还在潮州。14岁的詹安泰第一次走出家门,见识外面的世界。

1920年中学毕业后,詹安泰回家自修,为继续升学做准备。次年,顺利考进广东高等师范学校文史部。1924年,又由广东高等师范学校毕业并转至国立广东大学(后改名中山大学)国文学系。

大学阶段,詹安泰修习的科目范围相当广泛,有中国文学史、西洋文学史,有历史、地理及史传,有政治概论、法制经济及伦理学与心理学,有数学、体育及外国语。此外,还选修了其他系的课程。在这个时期,詹安泰已经有意识地拓宽自己的知识面,不单修习了法制经济和心理学,连数学都没放过。文、史、哲兼顾,中外融合。詹安泰之以通经能文见称于世,应与这段经历有关。

詹安泰

1925年，詹安泰大四，于文科学院季刊第一期上刊行《孟浩然评传》一文。这是他发表的第一篇学术文章，民国四大词人（其他三人为夏承焘、龙榆生、唐圭璋）中，他是最早发表学术文章的。

现在很多人说成名要趁早。詹安泰的成名算早，小时候就已被看重，但他发表学术性文章时，也已是23岁。这中间，不管是在家自我修习，还是在学校学习，他都很勤勉。可见，早成名的背后除了天分，勤奋努力也是少不了的。

治学续家风
文质两炳焕

詹安泰家族

名士养成记

在很多人的印象里，民国是上海滩，是旗袍美女，是百乐门歌舞，这是电视剧里展示给我们看的民国。风情万种，风光无限，是不少人的最好的时代。

在这个沐浴着五四之风的黄金时代，詹安泰大学毕业了。

詹安泰读的大学叫广东高等师范学校，后来叫广东大学，孙中山先生去世后，为了纪念他才改名为中山大学。20世纪30年代，鲁迅先生曾经在广东大学当过系主任。

1926年7月刚毕业，8月，詹安泰就收到了韩山师范学院（当时名

今韩山师范学院正门

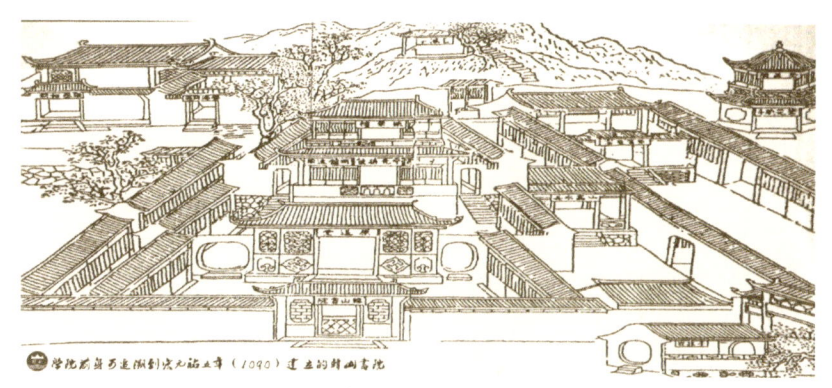

韩山师范学院前身

为省立第二师范学校，1935年更名为省立韩山师范学校）的聘书。大学毕业后，就到一所师范学校教书，这在现在是不可想象的，是民国时期大学毕业生吃香，还是詹安泰名声在外，我们姑且当两者都有吧。

韩山师范学校是广东省历史最悠久的高等学府，其前身可追溯到唐代，当年韩愈被贬潮州刺史，大力发展教育，造福潮州，潮人为纪念唐代大文学家韩愈而建立了这所"韩山书院"。詹安泰在省立韩山师范学校教授诗、词、曲以及文学史等课程。

从1926—1938年接受中山大学的邀请赴任，12年时间，詹安泰诗词之名从岭南扩散到当时中国的诗坛词坛，于他而言，可以说是名士养成阶段。

现在，各种造星活动多多，在那个复古的民国时代，没有超女，没有中国好声音，没有网络主播直播，成名之路可说是蜀道难，难于上青天。那詹安泰是怎么走过来的呢？

首先，和潮州诗词界密切联系。

青年时期的詹安泰中等身材，穿一套丰顺县汤坑名产的夏布唐装，配一双潮州郑义成老店的薄底布鞋，在学生们眼里，二十多岁的詹安泰清俊潇洒，同时老成持重，有儒者风度。

到韩山师范学校任教后，詹安泰和潮州大儒商饶锷就有来往。饶

治学续家风

文质两炳焕

詹安泰家族

詹安泰

家世代经商，富甲全城，饶锷的父亲曾任潮州商会会长，不过饶锷却是潮州赫赫有名的大学者。他自己毕生致力于学问，爱书成癖，家藏典籍达十万余卷。饶家的藏书楼名为"天啸楼"，其藏书之富，为粤东之冠。饶锷自己经常"发楼上藏书而耽玩之"，"尽日夜哦诵"；并将藏书加以整理，"丹铅雠校"，辑有《天啸楼书目》二册。詹安泰到潮州后，身为读书人哪能不去领略一番天啸楼的风采，于是和饶锷很快就熟悉起来，常去天啸楼找书看，是饶家的常客。有时还会带上儿子伯慧一起去饶家串门。

爱书，又有经济条件，"宁遗世以全我真"的饶锷先生盖了处占地不及亩的名为"莼园"的园子，与同辈友朋，谈诗论画于其间。《天啸楼集》中记载他"广求天下奇士，得聚处一室，相与上探汉魏，研讨微幽，以期跻乎古人迥绝之境"，这当中的学人，有郑晓屏、杨光祖、温廷敬、石铭吾，还有詹安泰等，"志趣颇合，昕夕酬唱"，"披襟抵掌，谈天下事"。

1932年，饶锷邀集了一班潮州诗人结诗社——"壬社"，詹安泰身为成员之一，往来酬唱是常有的事，跟石维岩、石铭吾、杨祖光等一帮潮州诗人也很熟络。当时的饶宗颐翩翩少年，但在乃父培育下饱读诗书，已是有名的"潮州才子"。詹安泰就是在那个时候和饶宗颐成为朋友的。饶宗颐后来成长为一位百科全书式的学者，钱钟书说他是"旷世奇才"。

在一次访谈中，饶宗颐曾对记者说："我十一二岁的时候，父亲发起成立诗社，詹安泰先生经常到我家来。我那时也写了很多诗，就经常和他切磋。我是1917年出生的，比他小十五岁。年龄差距大了些，但学问是不问年龄的。由于共同的文学爱好，我们成了好朋友，詹安泰先生也帮了我很多忙。"并说："我搞词学研究，可以说是受先生影响，后来我们经常填词，彼此有交流，对做学问作用很大。我们

饶宗颐

的研究不大一样，詹安泰先生专攻古典文学，我兼搞历史研究，但我们治学的精神是一致的。"

另一方面，詹安泰家也成为当时潮州诗坛的一个聚会点。詹家的客厅虽然简陋，但却是往来无白丁，常有文人墨客出入，品茶论艺，高谈阔论，好不快意。其中，经常可见的就有饶宗颐先生。他俩的关系好到什么程度呢？有一次，詹安泰生病不能上课，韩山师范学院急需找位老师代课，詹安泰就推荐了饶宗颐代为帮忙。这是饶宗颐第一次上讲堂，一鸣惊人。

詹安泰有诗写饶宗颐，《赠饶伯子二首》：

我往过君居，君年十五六。侍立乃翁旁，崭然露头角。
乃翁富藏书，插架三万轴。博古而敏求，著述森在目。
越今五六年，乃翁墓草宿。朋亲叹惋余，喜君传家学。
骥子走追风，雏凤声戛玉。术玉已日专，精力日已足。

行见卓上京，岂惟惊流俗。在昔君子儒，靳雕以为朴。
亦有用长者，颇不惮驱逐。良犬不取鼠，良禽善择木。
志尚各千秋，世纷同一哭。相期在何许，岭月明高屋。

我往所为诗，凝炼诚自喜。人天未凑合，运斤或伤指。
及今读君诗，如游五都市。光彩纷四射，无复见俚鄙。
我岂深诗者，貌相政尔尔。君才实过我，学亦不可齿。
乃者我有疾，乞君代讲几。高情久不忘，小试何足纪。
君自有可传，可传不系此。

而从"君才实过我，学亦不可齿"的诗句中，也可见诗人的胸怀，既是做学问的胸怀，也是做人的胸怀。

任教韩山师范学校期间，詹安泰还常到汕头去会诗友，乘的是当年的潮汕铁路火车。其长子詹伯慧回忆说："父亲有时会带上我去见见世面，至今还清楚记得儿时乘火车来往潮州汕头之间的经历。父亲每到汕头，总有一些仰慕他的青年找他请教文学、诗词方面的问题。"

潮籍老作家吴其敏先生回忆说："詹安泰在家乡时，我们较多称他祝南先生。他虽然不过长我几年，由于学校里有不少同事都出自他的门下，所以我一向也是以师礼待他的。但他绝不摆老师架子，每次从潮安到汕头来，一群人拥着他，听他谈文学、诗词，他总是把最新的研究成果、最近制作的新词拿来给我们讲述，或念给我们听。"

从这些回忆中可见，当时詹安泰的诗名在整个潮汕地区是颇为响亮的，说名动潮汕并不为过。

其次，是学术研究和与名家之间的酬唱。

20世纪二三十年代，被称为文学的黄金十年，此时，国家较稳定，经济有了一定的恢复，民生出现了好转。五四新文化运动之后，对古诗词有了新的探讨与认识，词坛进入一个创造阶段，词坛一片蓬勃。夏承焘、唐圭璋、龙榆生和詹安泰崭露头角，继而沉淀出民国四大词人。

一直生活在岭南的詹安泰与当时词坛之间的联系是必然的。这是个人交流上的需要，也是治学上的需要，这种对外联系是自然而然的。大学期间，詹安泰已发表了自己第一篇学术文章《孟浩然评传》。到韩山师范学校执教后，教学的同时他潜心于古典诗词的研究和创作，坚固的古典文学根基，融会贯通的经史子集，让他的治学成果斐然，并为同时代词家所认可。他的影响也随即走出岭南，走向中国当代词坛。

曹湘蘅主编的《国闻周报·采风录》和龙榆生主编的《词学季刊》《青鹤杂志》等，经常发表他的作品。在中华词学的黄金时代，他与民国四大词人中的另三位——夏承焘、龙榆生以及唐圭璋，一直保持着密切的联系。四人于词学领域各有专注，詹安泰着重做的是两件事：词集笺注及词学论述。

三十年代的上海，除了《词学季刊》《新明代》月刊《文艺茶话》《新垒》月刊，都曾为词学研究开辟园地。据詹安泰称，有关刊物，对"词之存废"以及"词之应否解放"诸问题，均曾展开热烈之辩论。詹安泰博学于文，对于为调既繁、为体尤多之倚声填词，有着全面而深刻的把握。为着推动词学发展，也曾著文阐发自己的意见。

其曰："余以词既为我国特有之一种文学，大可用以自豪，稍有心本国文化者，当不忍令其绝灭，故存废问题，不容讨论；讨论问题，应在如何发扬与改革。"并且指出：从事改革，不可不于词学先作周详之探索，所谓"观千赋而后可与言赋，读千碑而后可以言碑"。在教学与科研的实践中，詹安泰十分注重"观"与"读"的过程。

除了发表文章，詹安泰还与夏承焘、胡光炜、龙榆生、曹湘蘅、李冰若、唐圭璋、陈柱尊、陈竺同、陈运彰、卢冀野等名学者名教

詹安泰词作手稿

授，保持着书札往来，既切磋学术，又沟通友谊。彼此之间的酬唱，以词会友，更是诗坛词坛佳话。

民国四大词人中，诗词创作尤其是古近体诗创作，最为宏富者又数詹安泰。1937年，詹安泰诗兴大发，连篇累牍，写了很多诗。在与陈中凡的信中，云："泰半年来不填词，惟稍稍诵习杜、韩、苏、黄之七古，及宛陵之五古，兴之所至，亦学涂鸦。即春假至今，已得长短古三四十首。诚以泰前写诗患枯……"

1937年8月31日起，日本侵略者的飞机开始轰炸潮汕城镇，日舰亦在潮汕海面频繁袭扰商船和渔船。詹安泰举家避至枫溪。寄居枫溪时，他忧国忧民，常把凄怀寓于诗词，并寄吴辛旨、夏承焘、陈蒙庵、丘拉因、石铭吾等人，可见其与词坛诸人的来往并不限于学术交流，还有朋友间的畅怀。

再有，诗词创作与理论研究兼擅。

20世纪30年代前期，詹安泰创作了大量的词，词艺日长，影响日大。他的词频繁在《国闻周报》《词学季刊》等刊物上发表，广受当时诗词界关注，已享有很高的声誉。香港《探海灯》报曾以《岭东词长詹祝南》为题作过专门的介绍。

1937年，就在那战火纷飞中，詹安泰出版了自己第一本长短句创作集《无庵词》。

《无庵词》一经问世，马上得到词学界的高度评价。词学权威夏承焘一再称赞詹先生"词学甚深""词甚工"。词曲大师吴梅教授赞赏詹先生的词"取径一石（姜白石）二窗（吴梦窗、周草窗）而卓有成就者"。陈寂（近现代诗坛重要诗人）在该书"题词"里说："无庵琢词过廿载，颠倒二白百不疑。网罗珠玉蔑不有，鞭笞精怪成瑰辞。"赞誉他的词可以比美于二白（"二白"指姜白石与著有《山中白云词》的张炎）。

程千帆题《无庵词》说："本与海绡为后进，还疑兰甫是前身。"既是追溯詹安泰的词学源流，实际上也勾勒出岭南词派的大致轮廓。从陈沣、陈洵到詹安泰，岭南词派堪称一脉相承，他在词史的地位也由此而奠定。这也是施议对在编辑《当代词综》时，分词人为三代，力主以夏承焘、龙榆生、唐圭璋、詹安泰为现代四大家的原因所在。其中，詹安泰的词入选三十首，入选数量与唐圭璋并列第三。

詹安泰词学更多地受到南宋姜夔与张炎的影响，他以"漱宋"名其室，已透露出其中的消息。而詹安泰的用力所在，主要是在传承宋末词人的幽怨与寄托。早期《无庵词》创作于"兵火满天，举家避难"的年代，詹安泰转徙澄江、坪石等地，他的词较多地记录了这段历史和心境，可作一部词史来读。

他的《声声慢·江亭重到景物都非感赋此阕》堪作韩山数年心情写照，不仅整体风格与姜夔为近，而且其表达哀怨的方式也别无二致。他的《齐天乐》作于流寓香港期间，情怀家国，眷眷不已。序云："国难日深，客愁如织，孤愤酸情，盖有长言之而不足者。"全篇孤愤酸情，意溢词中。

《无庵词》的出版离不开一个人，那就是詹安泰的学生蔡起贤。在小序中詹安泰自述作词及辑录的情景："余志学之年，即喜填词。风晨月夕，春雨秋声，有触辄书，书罢旋弃。三十以后，爱我者颇劝以存稿，积今五年，得百首，亦才十余六七耳。蔡生起贤见而好之，为辑抄成册。"

当时蔡起贤还录下删去的词不下300首，辑成《删余绮语》两册。

韩江

可见这本词集的选编是十分精严的。

《无庵词》集中呈现了詹安泰在词上的创作,展示了其于词一事上的功力,也让他在近代词坛上比对出一个坐标,不管对他个人还是对词坛都是极为重要的。詹安泰在这个阶段,于词一派上,修辞、技巧均达到了极高程度。后来,饶宗颐认为他的早年小令"开向上一途",如《蝶恋花》咏事四首,篇幅短窄,而所思量,由近而远,由下而上,皆宇宙人生的重大问题。

韩山十年填词,詹安泰能取得如此成就,从小而来的根基固然有之,大学毕业后返归山村,粤东的山水人文的给养亦是极为重要的。从小的范围看,潮州城内有韩山韩水,也就是笔架山和韩江,前者乃拱护潮州城的三山之一,原名双旌山,因形似笔架而得名;后者古称恶溪、鳄溪,因鳄鱼出没而得名,又因潮州另名凤城而称凤水。后人敬仰韩愈,遂改称韩山和韩江。

又据《潮州·三阳志》载:韩愈贬任潮州刺史,于此山筑亭游览,并亲手植下橡树。宋淳熙十六年(1189),韩公祠迁建于此。从大的范围看,则此山和水,乃泛指粤东的山和水,当然也包括眼下的韩山和韩江。自古以来,山水滋养就是人文精神的重要资源,取之不尽,用之不竭。加上战火的激发,诗人词家的情怀就更是激荡了。

别开词境，接力岭南词宗

1937年抗日战争爆发，战火在中国大地进一步燃烧，连一向宁静的山区也躲不开战火的荼毒。詹安泰对时局十分关注，以笔作枪，发表时事评论，唤起民众投身救亡事业，先后在《韩师半月刊》《韩师周刊》等刊物发表《抗战前途之预测》《欧局和缓与远东问题》等一系列文章。他还撰写《杨髡发陵考辨》论文，借古讽今，以宋元易代时元军的残酷影射侵华日军之暴行。

1938年，日寇进犯广东，校园也宁静不了了。这时，家乡有人邀请詹安泰去重庆从政，按今天的话就是当公务员，不说在现在，当时都是很吸引人的。詹安泰与父亲商量，詹挥琼反对儿子去重庆，说，"你一直做学问，搞诗词。如果走那条路（从政）的话，那就是到政府里去（当官）了。"（詹伯慧回忆）恰在这时，中山大学文学院院

饶宗颐题"别开词境"

1962年詹安泰在中山大学寓所与长子伯慧、媳陈雅仙合影

长吴康来函,想以名士身份聘詹安泰为中大教授,接替岭南词家海绡翁陈洵主讲诗词。

从政乎?从教乎?当时中山大学已奉命西迁云南澄江,接受的话,战时不管生活还是教书,条件都会是很艰难的。

思量再三后,詹安泰觉得于自己学术才是最宝贵的,接受了中大教授的聘约。这把他的学术生涯和他早年的母校——中山大学紧紧连在一起,也决定了他一辈子始终没有脱离教坛。大学毕业后到现在潮州的韩山师范学校,一呆就是12年,然后是到中山大学,直到1967年辞世。从轨迹上看,他的人生是简单的,但时代带给他复杂性,于他的学问上,有些是给养,有些却是摧残。这是后话了。

詹安泰受聘中山大学,有一个中介,那就是陈中凡。陈中凡向中大文学院院长吴康推荐了他。陈中凡,原名陈钟凡,字觉长,江苏盐城人,陈石遗门生,历任东南大学国文系主任,中山大学、暨南大学文学院院长,金陵大学、南京大学教授等职。詹安泰在广东大学读书期间,陈中凡是他老师,这位老师很欣赏他,师生关系一直很好,毕业后,彼此之间仍常有书信来往。因为对詹安泰的了解,才有了需要关口的推荐。

从韩山师范学校的教师，一跃而为大学教授，在今天是不可能的，但在那个时候却是实实在在发生的事，英雄不问出处。只不过，中大之所以能以名士身份聘请詹安泰，最大的原因在于他诗词的功力已得到很高程度的认可，他人虽然在非高等学府的韩山师范学校教书，职务也只是一位教员，但诗词能力及诗词研究的功力和创造力，已经名列当代。历史也证明，中大的选择是对的。

广州沦陷之后，要到云南去，身在粤东潮州的詹安泰，必须先沿着还没有沦陷的地区，从惠州那边到香港。到香港后再坐船到安南（今越南）。到安南之后再从安南坐滇越铁路火车进入云南，才能到昆明那边去。

1939年初，詹安泰单身先期赴任，其后，妻子柯娥仙带着不到两岁的女儿和饶宗颐结伴而行，绕道惠州经香港再转安南，取道滇越铁路上昆明找詹安泰。后来饶宗颐路上生病，到达香港时为香港文化界聘用，终止了入滇行程，留下来在港工作，开始了跟香港的大半辈子情缘。

其子詹伯慧谈到这件事时曾说，"假如当年宗颐先生和父亲一起到中大工作，失去了留港工作的机遇，日后宗颐先生的人生道路，又是不是会跟我父亲有所雷同呢！几十年来，父亲与宗颐先生始终相互眷念，书信往来与诗词唱和一直没有间断。直到1958年父亲蒙冤戴上"右派"帽子，两位潮州杰出学者才无奈地中断了联系。1967年父亲含冤谢世，宗颐先生悲痛万分，对遗作的付梓刊行，总是耿耿于怀。直到20世纪80年代初，我在东瀛讲学期间，有幸带着父亲诗词手稿与宗颐先生相聚京都三缘寺，共商刊印遗稿大计，其后经宗颐先生将手稿带到香港，经多方奔走，几经周折，才终于得到时贤何耀光先生的赏识，以《至乐楼丛书》第25卷将父亲诗词遗作《鹪鹩巢诗·无盦词》在港影印刊行。"

詹安泰到云南后，面对战时学校教学、科研、生活环境甚差的条件，毫无悔怨情绪，立即以饱满的热情投入到新的工作中去。在澄江，住的是破庙祠堂，上课教室也是破庙祠堂，简直可以称为"破庙大学"。詹安泰在这样困难的条件下认真讲学，还振奋精神，勤奋创作，到澄江后他写了很多诗，《滇南挂瓢集》就是在那里完稿付梓的，于1939年刊印，选了诗一百首，词一百首。《滇南挂瓢集》，取意"箕山挂瓢"，相传许由隐居箕山之下，颍水之阳，躬耕自食，以手掬饮。人遗一瓢，挂于树，风吹历历作声，以为烦，弃之。事见明敬虚子《小隐书·许由》。许由箕山挂瓢，他是滇南挂瓢，可品出一股虽生活上困苦，但精神上悠然之态，且力争发声。

从《无庵词》到《滇南挂瓢集》，詹安泰的诗词名家地位，已经奠定下来。

1940年，中大再迁粤北坪石，条件比澄江稍有改进，但毕竟是在抗战时期，不可能新建校舍，在坪石仍然是借用当地一些机关单位的旧房子，凑合着把校本部及各学院在镇上和附近乡村分散安置下来。那时詹安泰全家就在武水边上租住了一间泥土墙的民房，用木板隔成前厅后房，面积一共才十来平方米。

就在这一年，詹安泰刊印了《鸒鹒巢诗》，"鸒鹒巢"指"巢中鸒鹒"还没长大，意含诗格未成，学无止境之义。方孝岳于广州为之作序。6月，另有罗倬汉之序。同年秋，温廷敬有诗《寄题祝南老弟鸒鹒巢诗集即用其题高吹万风雨勘诗图韵》。

至此，詹安泰的诗风完成了一个从"绮思"到兼有"雅怨"

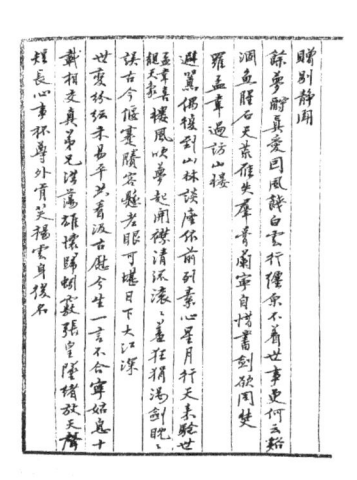

詹安泰诗作手稿

的转化过程。陈中凡在为《鹪鹩巢诗》所作的《题词》中概括其诗风变化说："当其淬万初，绮思粲芳菲。流泉不择地，珠玉倍毫挥。泽古既已久，落笔转矜持。"最后以"情词兼雅怨，文质穷高卑"而自成一家。

《鹪鹩巢诗》大致按创作时代先后排序，循序而观，其诗风变化昭然可见。詹安泰的中年主要在忧患乱离中度过，他自称受梅尧臣影响特深，他在《澄江苦无书读，忽睹〈宛陵集〉，大喜过望，因题》中即自称"壮岁独喜都官诗"，对梅尧臣"深远闲淡固莫匹，政以皴折穷覃思"的创作意趣作了精要的概括。特别是受聘中山大学之后，先后随学校迁移云南澄江、广东乐昌等地，在颠沛动荡中从事诗词创作和学术研究。身逢乱世，性复忧郁，不过他认为这也许是诗情表现的最好机遇。

他在《邵潭秋远贻〈培风楼诗存〉，作此报谢》诗中说："梦觉河山不肯清，中年哀乐况峥嵘。何难唐宋共炉冶，别有才肠携手生。"其《上石遗先生》称赞石遗先生："我公一鼓通宋唐，诗钞诗话诗教昌。……尊杜工部韩侍郎，旁推孟白兼欧阳。都官半山苏陆

詹安泰在写作中

杨，不祖苦陈门硬黄。金元明清谁短长，自然体大大元方。"这虽然是对石遗诗歌特点的总结，也不无夫子自道的意味在内，体现了詹安泰的宗宋并不拘泥于宋诗派，而是要博师百家，融合唐宋，归于自然，自出手段。所以这一时期的诗歌虽然仍不无"绮思"的影子，但思虑却更趋深沉了。他追求的不是一己之闲愁，而是与时代环境息息相关的深愁，所以他的诗歌更多地表现出沉郁而劲拔的风格特色。

当代潮籍著名学者吴承学教授在评述詹先生的诗词创作时说："其诗词学有渊源，踵承清季同光诗人'宗宋'之风，挹其芳润，发为诗词，而自造新境。当代词学家施议对在推崇詹安泰为"现代词学四大家"时，就把他的词的特点概括为"詹氏所作词，每将家国身世之感寄寓其间，有着深邃的命意。而且，他的词绵丽而有疏宕之气、空灵之境及沉郁幽忧之思，在当代词坛独树一帜。"

同年，同样在这间泥土墙的民房里，借着昏黄的植物油灯光，詹安泰伏在小书桌上每天写作至深夜，终完成了其早期研究词学的扛鼎之作《词学研究》。

《词学研究》列论声韵、论音律、论调谱、论章句、论意格、论修辞、论境界、论寄托、论起源、论派别、论批评、论编纂等十二论，旨在创立真正意义的词学，建立一个具有内在逻辑的词学体系。这十二论中前八论侧重从"学词"来建立"词学"，后四论则是在学词基础上的推衍和提高。此前在中国词坛上还很难看到在理论性和系统性上如此全面阐述词学上种种问题的专著。早年词学大家吴梅虽然也有过一部比较全面介绍词学基本理论和词史的《词学通论》问世，但因为写作时间较早，写得也比较简略，相形之下，詹安泰的《词学研究》就显得后出转精了。可惜这部书稿在"十年动乱"期间原稿毁失过半，仅存七论载入广东人民出版社1984年出版的《詹安泰词学论稿》（汤擎民整理）中，1997年汕头大学出版社出版的《詹安泰词学论集》（20世纪潮人文化萃英丛书之一）、2004年中山大学出版社出

《詹安泰文集》

版的《詹安泰文集》（中山大学杰出人文学者文库之一），此七论都被全部编入书中。

《词学研究》的纂述动机在于创立真正意义上的"词学"。詹安泰认为从清代中期以来，虽然出现大量杰出的词话类著作，或考证音律，或品藻词艺，或创立宗派，虽各有胜场，但毕竟没有建立起"词学"的规模。他兼顾"学词"与"词学"，旨在建立一个具有内在逻辑的词学体系。十二论中，前八论为"学词所有事"，侧重以"学词"来建立"词学"，后四论则是在学词基础上的推衍和提高。追源溯流以明其正变，参酌各派以广其学识，参究批评而折衷至当，如此则词学宛然已成专门之学。

从广州到云南澄江，从澄江到粤北坪石，再从坪石到粤东梅县，一直到抗战胜利日本投降，才又从梅县回到广州石牌中大原址，颠沛流离。就是在这样艰苦的环境中，詹安泰却是佳作连连，著作一部两部地出，他一直醉心的词学研究的扛鼎之作也是在这个时候完成的。

治学续家风
文质两炳焕

詹安泰家族

爱书，藏书，著书

出了七个进士的润丰楼很有名，同样有名的还有润丰楼再往里走一段路的学文堂，对这个学文堂，村民们不叫学文堂，而是叫"书斋"，由此可见学文堂里书不少，而且里面的人爱读书。

在詹安泰一生中，亲情之外的世间万物中，最重要的莫过于书。他一辈子读书、爱书、藏书、著书，于他，书中自有黄金屋，书中自有颜如玉。遨游书海，让他觉得莫大满足与喜悦。

1926年，詹安泰从广东大学毕业回到家乡时，带回来的书很多，租了一辆卡车运回新丰家里。这件事当时引起了乡亲们的围观，总拿来印证"学文堂"不愧为书香之家。20世纪50年代国家号召"向科学进军"，当时詹安泰在广州中大招收副博士研究生，学校领导冯乃超得悉他有大量图书留在家乡，为了使这些书在"向科学进军"中发挥作用，便通过省委要饶平县有关部门帮忙把詹安泰留在家乡的书送回广州。詹安泰得到家乡运回的这一批书，十分高兴，在给儿子伯慧的信中特别提到此事，其中反映了党和政府关怀知识分子、鼓励知识分子向科学进军的政策，要儿子一定要刻苦钻研，努力提高业务。

后来詹伯慧还了解到，当时为了妥善保存，避免流失，父亲当年从广州运回家乡的这一大批图书，在送回广州前已有一部分被转移到饶平四中的图书馆里保存了。20世纪80年代，詹伯慧有机会访问母校四中时,还见到了这些父亲年轻时的藏书。"书香门第"这几个字真不是说说而已的。

詹安泰毕生未离开过教坛,在学生们的记忆里,老师家里的书着实让他们印象深刻。

在韩山师范学校执教期间,其最得意的弟子蔡起贤在纪念詹安泰逝世二十周年的《纪念文集》上,有过一段这样的回忆:

当年詹老师的寓所在潮州城里的胶柏街,在五间平过的楼房楼上,院子很清幽。家中的设置很简单朴素,可是满目图书。靠右边最后一间房子,就是詹老师读书工作的地方。我在学校听课之外,常常是星期日到胶柏街詹老师的书房读学校图书馆没有收藏的书。詹老师的书对我是毫不吝啬的,我要读什么就翻什么。他曾说:'你珍惜书籍,不弄脏弄坏,我很放心,只要你读得懂或要读的书,都可随便取阅,也可带回宿舍,细心研读。'要是我偶然有一两个星期天没有到他家,他就挂电话来唤我。……詹老师的家,就好像我的家。

这段文字中,让人感受最深的是詹安泰对门生的关爱,不过仍可从字缝间得知其家中藏书之丰。

汤擎民在《仰念詹安泰先生》中写道:

安泰先生当时住在师范单身教师宿舍的一间平房里,室内陈设很简朴,可书却不少。那时候,汕头有商务印书馆、中华书局出版的图书,潮州也有,买书方便。商务印书馆出版《丛书集成初编》等书,他都整套购买,日坐书城中。我一向觉得做中国文史哲方面的学问,非掌握经史子集四部的大量资料、"读书破万卷",是难得有突出成就的。一九三五至一九三六年,安泰先生在《词学季刊》上发表词学界瞩目的词篇《水龙吟》《扬州慢》以及专论《论寄托》等，当不是偶然的。

日坐书城中，说的是一点也不假。

抗战期间，就算是在逃亡之时，他随身所带不少丢弃的，也是他的文稿。他在《无庵词》自序里写道：

> 呜呼，兵火满天举家避难，尚不知葬身何处，所守此区区，宁非至愚，顾敝帚自珍，贤者不免，余亦不恤人间耻笑矣。随身行李尚有《鹪鹩巢诗稿》《花外集笺注》《宋人词题集录》等稿本。

在那样炮火连天、兵荒马乱之中，即便不知身葬何处，也要守着，但凡走的时候能在一起就是了。而这些书与稿，在他接受中山大学的聘请后，跟着他到澄江、坪石、梅县，乃至回到广州，坐火车，去香港，去越南……然后，稍一安定下来，展开的除了教学工作，还有学术研究，迎来自己学术生涯上的爆发。可以说，是书籍与学术支撑着他漂泊的生活与落难的生命。这正是身为知识分子的可贵之处。这样才华横溢又醉心学术之心，如果好好发挥，该有怎样的绚丽成就啊！

不少人都知道抗战期间迁云南的西南联大，但却很少人知道，广东的国立中山大学同样在1938年日军攻占广州前被迫迁校：一迁云南澄江，二迁粤北坪石，三迁广东仁化、梅县、连县等地，离乡背井整整七年。这七年，詹安泰完完整整走完，可说是受命于危难之际。

中大校史记载，至1942年，中山大学的学生总数由初迁云南澄江时的1736人激增到4197人。中山大学在坪石办学4年多，培养学子近两万人。尽管时局动荡、办学分散，但中大仍然汇集了一批著名教授专注于教学、治学，诸如历史学家朱谦之、人类学家杨成志、经济学家王亚南、医学家梁伯强、农学家丁颖、昆虫学家蒲蛰龙等。学校还举行过马思聪、黄友棣等名家小提琴演奏音乐会。在那段民族和个人遭受磨难的岁月，中大师生就这样在流离中仍坚守着学术理想。

迁移坪石之后，中大发生了再次迁移，现在我们看到的只是短短的"从坪石迁梅县"一句话，而事实上，当中却凶险无比，在这过程中，有师生付出了生命的代价。1945年日军包围坪石，中大仓促之间紧急疏迁，分流成三部分走：往东走仁化、梅县等两地，往西走连县。而在迁离坪石时，工学院教授卫梓松来不及突围，不受敌人利诱，自杀殉难。附中教师陆兴焰、学生诸兆永在由坪石迁往仁化途中，遭日寇杀害。詹安泰那一队幸免于难，但其间的颠沛流离、心惊胆跳，实不是现今从字面看来那么轻松简易的。

对做学问的人来说，没有书，学问怎么做啊？书籍与文稿就是他们的生命，无论去哪都带着跟着，这才有了抗战期间逃亡之际依然学术成果频出的现象。抗战期间这不是个别现象，而是发生在各所迁移大学中的普遍现象。这是精神上的浪漫、文化上的不屈。这种浪漫超越出物质超越出情爱，璀璨唯美。和平时代之下，消费主义流行娱乐至上并无不可，但如果骨子里真没有了那种对精神的追求，就免不了空虚，免不了虚无。近几年开始流行民国范，可民国范是什么？是长衫旗袍？是，但也只是表面上的。按陈丹青的说法，从谭嗣同、徐锡麟、蔡元培到清华国学院四大导师（赵元任、王国维、梁启超、陈寅恪）、胡适、鲁迅等，他们的举手投足，气质修养都有着一股"民国风范"。他认为，"范儿，是一种'样子'，也就是民国文人特有的精神、气节、面貌、习性、礼仪。"

这些精神、气节、面貌、习性、礼仪，在抗战时期的知识分子身上处处可见，比如杨成志、朱谦之、王亚南、马思聪……还有詹安泰。

家里别的不多，书肯定是多的。这也正是很多书香世家的一大特点。詹家从詹挥琼时如此，詹安泰时如此，到詹伯慧时亦是如此。新中国成立后，詹安泰在中大的家是怎样的呢？看下其学生唐玲玲在《拜师四年》中的回忆，那是她和同学第一次去拜访詹家：

> 詹先生的书房，也只有十多平方米大小，但室内环列书柜，书柜上下，都堆列着书籍，临窗的书桌，正展开稿纸在写作，桌旁也摆满常用书籍，先生在书的海洋中求索的勤奋精神，使我们这三个一年级学生受到极深的感染，肃然起敬。那天晚上从詹先生家中出来，我们在回新女生宿舍的校道上，都赞叹先生的质朴、热情的作风，称颂先生奖掖后辈的态度，谈到刚才先生对我们的鼓励时，大家都决心在大学四年里用功学习。

詹安泰藏书之丰到什么程度呢？20世纪50年代初，中大中文系为了方便老师备课和进行科学研究，系里就筹备系资料室。系里老师把自己家里有而大家备课或科研会用到的书籍暂借给系资料室，供全系教师使用。当时詹安泰拿出的书是最多的，当学生看到他书房的书架空了很多而问他时，当时他谦逊地说自己只是贡献略多。

詹安泰一生清贫，没有什么财产，他去世后妻子柯娥仙把他的一些藏书卖给古籍书店。古籍书店派了一辆三轮车来，90%的书都不讲价，几毛钱或一元一本，总共卖了两千多元钱。在动荡的日子里，詹家就靠着这笔钱，度过时艰。

那时教授们的生活

抗日战争胜利后，1946年初，中山大学在广州石牌原址上课。詹安泰为中文系二年级学生开有"诗选及习作"一课。住在石牌中大教授住宅区辽河路26号。当时国统区法币贬值，教工生活艰苦，詹安泰就在屋前屋后自己种菜，有豆角、白瓜等，以此改善生活。当时虽然生活条件仍然很差，但全校师生均抱以极大的热情。

据胡守仁《九旬老人的回忆》："当时教师间有两派：潮州派领袖为詹安泰先生，梅县派领袖为钟敬文先生，两派之间，和衷共济；因得推动教学，日有新功，此足以为全国教育界表率者。"教师之间有派别，但彼此之间和睦相处、互相尊重，且和衷共济。这种"和而不同"的宽容氛围对学术研究无疑是有利的，整个系呈现出一股新风气。

在广州石牌，文学院钟敬文、阎宗临、朱师辙、严学宭诸教授，常于晚饭后到先生家品茗闲谈。一群博览群书的教授在一起，喝着茶，聊着天，话题之广，无所不及，丘陶常、邱世友、黄家教和汤擎民几个学生晚辈是带着耳朵去的，教授们那天南海北的谈话着实趣味十足，让人收益不少。如果有人能整理下来当中的趣事，相信即便现在的读者也会非常感兴趣。

而每当时针指向晚上八点整，詹安泰家的茶叙会自动结束，教授们各回各家,读书做学问去。教授们的自律可见一斑。这也从一个侧面印证了"但凡有所成就者往往亦是很自律的人"这一句人们常说的话。至于为什么会聚在詹安泰家茶叙而不是别家,詹安泰热情好客,真诚待人是一大原因,另一原因则是他家有茶喝。晚饭后,走过去,刚好散了步,又能喝下茶消消食,实在再好不过。

对詹安泰来说,要说物质生活上有什么讲究或癖爱的话,那就是茶了。即便是抗战时在澄江、坪石简陋狭窄的宿舍里,到詹安泰家仍然有茶喝,而且不管是同事,还是学生去,都有。在他家围坐的前去求教的学生中,有几位潮籍的,如丘陶常、陈叔良、方书春、汤擎民、许寄侬、郑碧珠以及福州籍的陈必恒、新会籍的陈湛诠等,每次来,詹安泰都要以当时不可多得的家乡茶叶来待客。一边"拍嘴鼓"(聊天),一边喝詹安泰泡制的工夫茶。师生之间的相处,亦师亦友,极为亲切。当时学生罗忼烈作诗道:

> 坪石初相谒,山村作学宫。
> 开门唯白水,润尾有新桐。
> 戏论茶烟袅,谈酒浪烘诗。

除了家里,詹安泰的办公室也必备着茶。朋友、同事来了,随时招待。秦牧在回忆詹安泰的文章中即写道:

一九五〇年解放之初,我随解放军入城,参加广州接管工作之后,在省文教厅工作。有一段时间,应当时中山大学中文系主任王起先生之邀,每周在中文系兼几节课,讲授现代散文文学。当我第一次到校上课的时候,一位长者早就在中文系办公室等我,一见面,就表示殷勤关切的热忱。这位长者身材颀长,相当瘦削,但是目光炯炯,显示出一种潇洒俊逸的神态。他就是詹安泰先生。此后,在办公室里,有时也在他的家中或我的家中,我们时常一起喝茶聊天。他不失潮汕人本色,喝茶很有讲究,谈起文学,特别是谈起诗词来,总是劲头十足,神采飞扬。

相比年轻时,这时候的詹安泰更瘦了,俊逸潇洒的气质则更突出了。秦牧说他喝茶很有讲究,是因为他喝的是潮汕的工夫茶。文人学者在一起聊些什么,倒是从秦牧的回忆文章中能窥一斑:

听詹安泰先生谈论诗词,纵横捭阖,辨析幽微,却使我津津有味。我记得有两次他到我家,谈得兴致来了,就在我家用饭,饭后又作了长谈。安泰先生是比我高一辈的人,对于年青的同行,能够这样谦虚相待,殷殷关切,使我深受感动。他讲过的好些话,至今我还记得很清楚。例如有一次他谈到文学贵乎有创造性,曾经这样说:"古代有人讲过文学是'雕虫小技,壮夫不为'。其实照我看来,那些死背史书,完全没有创造性的人的本领才是雕虫小技,发挥创造性的文学著作,即使是一首小词小令,写得好也是不简单的。"至今我仍旧深然其说。

他论苏轼、辛弃疾、秦观、温庭筠、李清照、李煜等人的词,常多独特奇警之见。例如他说:"词至东坡,境界最大,取材最广,可以抒发怀抱,可以议论古今,其作用不亚于诗文,盖至是而词体方尊矣。"

谈诗论词,说古道今,这是教授们在一起时最常见的话题了。

50年代詹安泰先生在中大住宅前

其三子叔夏介绍，20世纪60年代中期那几年，詹安泰频繁在香港报纸上发表作品，拿到稿费后，就让他拿去全部换茶，细细品尝。其嗜茶可见一斑。

在家喝茶，出去下馆子教授们喜欢哪一家呢？詹安泰词作里也有提及。

1948年，叶公绰、黎国廉等拟结词社，5月30日，张北海在广州北园宴请同人。北园，即北园酒家。詹安泰在《醉蓬莱》词序中有言：

戊子四月廿二日，张北海宴同人于广州之北园。黎六禾季裴、陈颙庵融、胡隋斋毅生诸老宿咸与焉。觥筹交错，行辈浑忘，庄谑杂宣，昔今在抱，爰赋此曲，以志胜缘。生不百年，清欢能几，刻此古音，殆不胜江山零落之感矣。

一时和作甚多，黎国廉（季裴）、黄咏雩、张成桂（叔俦）、胡熊锷（伯孝）、张树棠（荫庭）、冯平（秋雪）及刘景堂（伯端）等均有和作。

教授们喜欢的北园酒家位于现在小北花圈内，是广州有名的园林酒家，有"山前酒家、水尾茶寮"之称，市内不少政客富商、社会名流常有光顾。除菜品好之外，餐馆的环境幽雅更受教授们喜爱。这次聚餐，是找了个好借口好好吃一顿，较正式的招待朋友的方式与内容，则可从詹安泰招待来广州的夏承焘中得知。

1957年1月7日，夏承焘来广州参加中山大学科学讨论会。老朋友来了，詹安泰很高兴，这是一定要挤出时间来招待的人，否则不能表达自己的心意。《天风阁学词日记》的记录是这样的：

八日夕八时祝南来，集季思家，谈李煜词。九日下午参加中文系科学讨论会，学生多问予到未，夕祝南来，示论李煜一长文。十日夕容希白、商锡永、子植、祝南招饮于利口福，旧十三行路，啖顺德客家菜，甚可口。归过希白处，祝南试工夫茶，看希白所藏书画，夜深方归。十一日八时季思导游越秀山、中山纪念堂、镇海楼、广州博物馆。十二日午后一时每戡、祝南邀同仲浦及武昌杨潜斋乘船至海珠桥，乘车至西街陶陶楼茶聚。十三日午后每戡、祝南会谈于季思家。十四日晨与祝南、汪君金光游黄花岗，气魄雄伟，拍一照。走至沙河，吃"沙河"，粉条也。过烈士陵园。午后游荔枝湾，坐舟出珠江至海角红楼折返。十五日离广州。

利口福、陶陶楼、沙河粉，看着都很眼熟，利口福就是现在的广州酒家，陶陶楼就是陶陶居，沙河粉不用说了，名称叫法现在仍一模一样。游的是越秀山、中山纪念堂、镇海楼、广州博物馆、黄花岗、荔枝湾、海角红楼。这就是民国时期和新中国成立初期，国内高端知识分子招待友人的配置了。

不管是酒家还是景点，现在都还有，其实，除了海角红楼不少人会觉得有点眼生外，其他的也是今天我们招待外地朋友常去的地方。只不过，夏承焘的陪客团很是豪华，容希白、商锡永、王季思等，无一不是当时文化界的名人。而我们今天招待朋友经常还会去唱K或者看电影，高雅的，还会去星海音乐厅、广州歌剧院看演出。以前朋友之间相聚，也会去看演出，不过一般只有粤剧或京剧两种选择。

20世纪50年代，康乐园里的演出还是蛮上档次的，而且时常有。1956年中大校庆时，就请了侯宝林来表演。当时侯宝林急用长衫，就是找詹安泰借的。因为，詹安泰一生多穿长衫。长衫，家里是肯定有的。

1957年4月1日，广州京剧团来中大演出。看完演出，演员与教授欢聚一堂，陈寅恪先生难得激情地写下三首绝句，分赠中文系三位知名教授詹安泰、王起和董每戡,谓请"祝南、季思、每戡先生一笑",希望能得同道唱和。其中有"红豆生春翠欲流,闻歌心事转悠悠。贞元朝士曾陪坐,一梦华胥四十秋"等句。

陈寅恪的诗和董每戡、詹安泰、王季思的奉答之作,均登在1957年6月18日的《南方日报》第三版上。詹先生和了一首《南歌子》:

南国花齐放,京华艺不群。
廿年骚屑等流尘,谁信演员教授一家春。
说笑人曾识,听歌近愈真。
番番奇响遏行云,料得归来异日更情亲。

在当时,教授们之间诗词往来,那是必须的,是生活里的标配。而中大中文系教授们之间的诗词往来,算得上是当时岭南一景。

那时大学生的学习

我们常从电视剧、电影里看到民国时大学生的样子,女子是蓝衫黑裙的文明装,男子是立领中山装,他们对未来充满理想,积极关注国家与民族。具体的真实的样子是怎样的呢?

1946年春天,是广州光复后的第二年春天。中大文学院中文系二年级同学人手一个木凳、一张书板,去听詹安泰的"诗选及习作"课,邱世友是那一班学生中的一个。很快,学生就被詹安泰那旁征博引,发前人之所未发,言常人之所难言的授课风格吸引,陶醉其中。考证,评论,深揭诗歌的底蕴,一节课的信息量那是非常大的。真正的专家学者才能做到这点。

"诗选"之后,詹安泰又开设"词选及习作""宋词研究"及"姜白石词研究",于词的源流正变、风格流派,乃至技法韵律,条分缕析,使学生对词的内部规律、词的特性和特点,有较全面、较透彻的认识。可惜的是,先生的词学讲稿和著作在"十年动乱"中,大部分散佚了。邱世友曾把自己上课时做的笔记残编加以整理,现在拿出来读,还是让人流连赞叹。

郑孟彤喜欢写诗填词,读大学时曾先后选修过詹安泰的"宋词选"和"中国历代韵文选"课,对詹安泰渊博的学识,丰富的教学经验,深入浅出的讲授印象极为深刻。上课之余,他常借机请教老师。有一次他写了一首七律,中间两联句子的组织结构完全相同,詹安泰修改后还给他时,当面对他说:"你这两联对仗还算工整,但句子结构太呆板。颔联既以虚字开头,颈联的开头则宜用实字,这样句式才显得活泼。"郑孟彤说:"他还举了杜甫的《又呈吴郎》为例说,'这是一首好诗,但中间两联:不为困穷宁有此?只缘恐惧转须亲。即防远客虽多事,便插疏离却甚真。句子结构完全一样,就未免有呆板之嫌了。'詹先生对我写诗的教导,不仅在写作技巧上,更重要的是在作品的思想内容上。"郑孟彤写了一首感怀诗,结尾两句是:"梅点征装堪酒泪,但余一个小诗囊。"詹安泰在批语中写道:"结句毫无气魄。作为一个青年,不管处于任何困境,都应勇往直前,追求光明,哪能垂头丧气呢?"

老师在课堂上能指点江山激扬文字,是课堂下大量研究的结果;侃侃而谈的后面,是一字一句的严谨。台上一分钟,台下十年功,说得一点不假。这一点后来留校任教的郑孟彤深有体会。

郑孟彤1952年大学毕业后留校当助教,分配在中国古代文学教研室工作。当时詹安泰是教研室主任,自任郑孟彤的指导老师。他对准备教案的郑孟彤说:"讲授古典文学,要特别注意字词句的解释和材料引用的准确性。所有原文和引用的材料,都要查对清楚,不能疏忽。因为古典文学和现代文学不同,如果出了差错,学生不易察觉,会贻误他们一辈子,他们将会以讹传讹。"

而后"反右"运动来了,好在学校并没有停课,学生们仍然有课上,不过不少课因为没有老师的原因也七零八落。当时詹安泰已被划为"右派"。他希望不要因为自己被审查而耽误了学生的课。郑孟彤说,一天中午,他的孩子给我送来一张便条,里面写道:"孟彤:我犯了错误,恐怕组织上不再让我教课,文学史可能由你代课,望你能认真备课,把课教好,不要辜负同学们对这门课的期望。"

当时郑孟彤看完这便条，眼泪唰地就下来了。

高校院系调整后，学校各院系部分采用苏联高校中译教材，中大中文系亦开始制定新的教学计划系统讲述文学史。据苏寰中回忆，文学史共分近代、上古、两汉、魏晋、隋唐、宋元、明清七个学期讲述。古代文学部分，詹安泰安排容庚、黄海章、王起、董每戡、吴重翰等先生分段讲授中国文学史课，自己主讲《诗经》《楚辞》诸章。

一门课就有这么多名家来上，教师阵营堪称梦幻组合了，而学生们学得也非常起劲，有的更因此爱上了古代文学。

学生黄天骥回忆：他（詹安泰）讲《诗经》，语言表达并不生动，潮州口音又重，但他旁征博引，爬梳剔抉，抽丝剥茧，洞见精微，强烈地吸引着自己，由此爱上了古代文学。他在讲"诗经的体制"时，把风、雅、颂三部分说清楚以后，提出了"志"是否为诗之一体这个问题……他用这种生动具体的实例，谆谆告诫学生，研究中国文学史，要阅读文学史上的原始资料，搜求扎实的证据，不可作浮泛空论。

上一门课，学到一种研究方法，这是学生们的感受。詹安泰的教学就与其研究一脉相承，既重详细的考据引证，又有理念上的阐述分析，还经常引用历代作家作品进行比较，深入浅出。而他的板书，更是他教学中不可缺少的一个助手，多位学生回忆，他们上课总对先生板书很着迷，下了课也舍不得擦去，常常就着先生的板书练字，甚至有其他系的同学因慕名而常来旁听。

老师对学生学习上的指导很是细致。学生也从中知道了学习的方法和要领。

在讲授《诗经》前，詹安泰专门找学生了解相关情况。周伟民那时是班上的学习委员，那天他跟班主任苏寰中老师来到西大球场西侧绿树荫中詹安泰家。他说，詹安泰认真地听，听完清癯的脸上泛出笑容，他对周伟民说："你们这一届的学生，是院系调整以后，按照科学的、严格的专业设置招进来的第一届汉语言文学专业的学生，'中国文学史'这一门功课，也是按照部颁的综合大学专业教学计划中对这门功课的目的要求来讲授的。教研室的老师们都非常重视你们这个年级的课堂教学。在讨论教学安排时，老师们的确有点担心，分量这么重的内容，你们能接受吗？现在看来，情况良好。"

周伟民插话说，"'古文字和殷周散文'这一章，同学们的确还有许多地方没有很好地领会，还有一知半解的地方，好在容先生不断引导我们作课外的学习钻研。"詹安泰接着说，"容先生是有名的古文字学家，在铜器铭文方面造诣尤深，他厚积薄发，深入浅出。不过，现在你们学习的这一章，要求作一种初步的、概述性的了解，教研室已经作了安排，待你们三四年级时，商承祚、容庚先生还分别向你们开设甲骨文和金文的专题研究课。"詹老师随即开了几种关于《诗经》的参考书清单，要周伟民向同学们转达他在学习上的一个要求：一定要作好课前的预习，课堂上听课才有主动权，否则，被动地做笔记，学习效果不会好。

上詹安泰的课，周伟民的感受是：他在课堂教学中十分注意引导学生进行阅读文学资料的基本功的训练。他讲课，立论明确，纲领清晰。但他从不作宽泛的空论，总是以丰富的材料、硬性证据，反复进行论证，他所论的每一观点，都令人心折。这是文学史家的魅力。

另一位学生唐玲玲的印象是：

"进入二年级，詹先生向我们讲授中国文学史中《诗经》《楚辞》等部分，先生以当时初步掌握的马克思主义文艺理论为指导，高屋建瓴地剖析优秀的中国古典文学。当时先生穿着一绸质的长袍，站在讲台上满怀激情地讲课：'在《诗经》中，我们可以看到当时的人是怎样地生活，怎样地斗争，他们具有什么样的思想、感情愿望；我们可以看到劳动人民是如何艰苦地从事生产，创造财富；我们可以看到劳动人民的勤奋、善良的道德品质以及聪明的创造智慧；我们可以看到当时青年男女的互相热恋的健康的爱情和打破枷锁的坚强的意志……'他通过深入的分析，充分地肯定《诗经》的文学史意义，同时，也使古典文学更加贴近现实生活。"

先生在讲授《诗经》时，以他渊博的学识，既有详细的考据引证，又有理念上的阐述分析，还经常引用历代作家作品进行比较，深入浅出。尤其是讲《楚辞》时，先生以丰富的史料，精辟的见解，滔滔不绝地向学生讲述，再加上他劲隽秀丽的板书，使我每次上"中国文学史"课都兴冲冲地跑步占领前排座位，留心地静聆先生的教诲，日长月久，逐渐地培养了我对学习古典文学的强烈兴趣，我对这门课的向往，以至结下了不解之缘。"

真正的诗家风度，学者风范。这也是詹安泰能深刻影响学生的原因所在。

课后，学生们常往老师家跑。周伟民说，课下向詹老师请教的机会多。有一次，同学几个到詹老师家坐，闲谈中，他告诉学生们，他的课务、会议、社会活动以及政治运动等，占去相当多的时间，写作时断时续，有时每天仅写得一两百字。即使这样，每天也必动笔，从不中断。他对学生们说，"这样坚持写作，有许多好处。你们毕业以后也应该用这种润物细无声的春雨渗透法去读书、写作。"

有疑问，去请教老师，老师从来都是不厌其详地解疑释惑。詹安泰如此，王国维如此，还有很多老师亦是如此。他们用实际行动实践了传道授业解惑这一师者形象。不只教授知识，更传授方法与方向，这一点詹安泰从初为人师时就已如此。在韩山师范学校时，课后常有学生向詹安泰请教学问，他总是轻声细语，不厌其烦地解疑释惑，使人茅塞顿开。有学生初学写诗，喜欢堆砌艳词，矫揉造作，詹安泰总是劝其力戒尖新纤巧，鼓励他们多多取法诗词大家，端正词风。

对中大一些高年级的学生，詹安泰更本着交流的心态来相处。汤擎民说,"我们这些学生晚辈,如丘陶常、邱世友、陈必恒和黄家教,谁到他家,他总要拿出文稿或书稿给他们看,其中某一个论点,某一种提法,他都反复斟酌,征求我们的意见。苟有片言可取,立即采纳,进行修改。"一位二级教授、著名的中国古典文学专家,治学如此严肃认真,虚怀若谷,这种精神和态度,对学生无疑是最切实的教育。

詹安泰不仅是学者是诗人,而且是有名的书法家。而有一位书法家老师的好处是,可以没负担地向老师索要书法作品。对学生索字的请求,詹安泰可说有求必应。

在韩山师范学校时,詹安泰就已如此。学生蔡起贤说:"詹老师的家,就好像我的家。同学们及其他老师,都知道我逢星期天总要到胶柏街去。他们要向詹老师索求墨宝,常是把宣纸交给我代请书写……真是有求必应。当我研好墨请他挥毫时,他没有推辞过一次。当时伯慧世兄只有五六岁,他拿一本《千首宋人绝句》。我牵纸,他念诗,詹老师就照他所念的诗,写成一张张条幅。我现在挂在厅壁那副'放开肚量食饭,立定脚跟做人'的楹联,就是在这种情况下写的。"

詹伯慧与家人在纪念詹安泰先生国际学术研讨会上合影(2010)

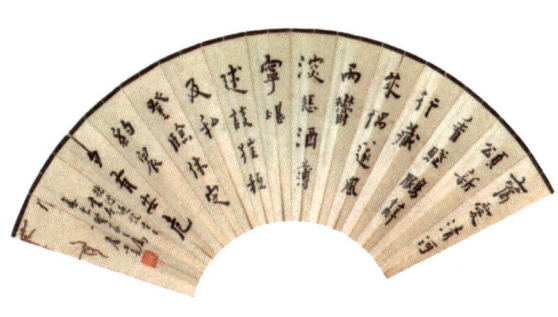

岭南词宗：詹安泰

詹安泰书法作品

治学续家风
文质两炳焕

詹安泰家族

读任三年别卡堪一解颜庆孤带
清江林缺见巴山五月池芜水手条
紧云先生方家属正 詹安泰
黑云先生方家属正 毛泽东

一泛大地起风雷便骨精生白骨堆僧是愚
垠犹可训妖为鬼魅必成灾金猴奋起千钧
棒玉宇澄清万里埃今日欢呼孙大圣只缘
妖雾又重来 毛主席七律和郭沫若同志
祝南詹安泰敬书于康乐邨一九六六年五月

到了中大，詹安泰的字就更有名了，不仅在整个岭南，在全国乃至东南亚都享有盛誉。后来，因为求书者众，他干脆大约每两月就找一个星期的假日来专门书写。学生汤擎民常任研墨牵纸之事，他说，"赋性愚钝，虽常临'挥毫落纸如云烟'的书法艺术的妙境，却没有悟得书法艺术的妙理。"

他的书法别具风格，兼擅多种书体。行书秀逸飘洒，碑体凝重典雅，都独具风韵，深得海内外书道行家的赞赏。他的书艺作品早年在潮汕地区及港澳、东南亚地区广泛流传，收藏者莫不视为珍贵墨宝。20世纪50年代以来，多次选送国内外展览，近期又入选为《广东历代书画展》作品在北京隆重展出。有的学生现在家里还存有他的字，莫不珍藏之。

一代词家的终点

不得不说,新中国成立之初中山大学的大学生是幸福的,一门古代文学课,就有多达六位专家级学者讲授:詹安泰、容庚、黄海章、王起、董每戡、吴重翰。且无一不在各自领域达到顶级水平。

詹安泰是古典文学家、文学史家和书法艺术家;容庚是古文字学家和考古学家,在篆刻书法方面也有很深的造诣;黄海章是国内研究中国古代文学和中国古代文学理论的老专家;王起(字季思)是戏曲史论家,被誉为"岭南文化的最后一颗文化灵魂";董每戡是著名戏剧家、戏曲史研究专家;吴重翰学贯中西,是戏剧名家。

他们对各自领域里的人物典故,理论源头,无不是拈手即来,滔滔不绝,即便各自都带着浓重不一的口音,听众却无不坠入他们的世界,汲取养分,饱览精彩。学界有这样的学者,是学界之幸;学生有这样的老师,是学生之幸。上这样的课,没有兴趣的学生,兴趣会被调动起来,甚至热爱上这门学科,前面谈及的唐玲玲就是如此。这样的老师,是学生们心目中最尊敬的好老师,被学生挂念一生,后来名满香江有国学大师之称的陈湛铨就曾如此说。

可惜,好景不长,"反右"运动来了。学生陈世铙在《风义平生友亦师》中写道:

詹安泰先生是我就读中大时最为尊崇也是令我受益最多的一位老师。他给我们中一级讲中国古代文学史，只讲完了《诗经》，就在1957年误陷"阳谋"成为"右派"，被剥夺了讲课的权利。《楚辞》部分，无人接讲，只好又让他给当时的中一级讲《楚辞》。我抓住机会，跟一年级的同学一起听讲，受益匪浅。只是感到詹先生以前那种大开大合、天马行空式的讲课风格有了很大改变，似有无形的束缚，讲话变得小心谨慎。潇洒不羁的詹先生已不可复见，我不禁感到一阵悲凉。

从滔滔不绝、潇洒不羁，到小心谨慎，这样的变化实在让人痛心。

1957年，高等教育部邀请北京大学、复旦大学、武汉大学、中山大学、山东大学等部分中国语言文学系知名教授集中青岛新新公寓编写汉语言文学专业各主要课程教学大纲，为期一个月。詹安泰和王起在受邀之列。6月，在杭州的詹安泰就听到了中山大学的董每戡为"右派"的消息。

8月5日，詹安泰由沪回广州，隔天，批斗他的大字报、漫画铺天盖地而来。三子詹叔夏说，几天后先生去理发，路上平常跟先生打招呼的人都躲着他，到了理发店，先生坐在角落里一言不发，后来龙潜书记也来理发，看到他，马上过来握手，讲了一句："詹先生，我回来迟了。"先生才好受一些。

校园里的气压很低，让人喘不过气来。詹安泰被划为"右派"的"罪名"有："与董每戡、卢叔度、吴重翰、叶启芳组成反党小集团""攻击党委制""主张教授治校""主张要'有冤诉冤'""企图夺取中文系领导权"等。

他开始能不出门就不出门。以前，每逢星期六晚他会到电影广场看电影，放映房前的主席台上总有他一席之位，现在，他都是在开影后才带张小椅子坐在边上，而且未散场时就先走。

他虽仍在上课,心里却非常忧虑,而即便是在这样的情形之下,他最担忧的并不是自己,而是学生会如何,课得有人继续上啊。所以有了他给助教郑孟彤的那张字条:孟彤,我犯了错误,恐怕组织上不再让我教课,文学史可能由你代课,望你认真备课,把课教好,不要辜负同学们对这门课的期望。

1958年,年初,中文系处理"右派"分子大会在模范村旁的阶梯课室进行。

先是董每戡教授回乡,然后是吴重翰、卢叔度两位先生被降为资料员,在系图书室做卡片。到詹安泰时,主持人问:"是不是也放到资料室?"这时教务长王越问了一句:"詹先生的专长是教书,以后他的课谁来上?"这句话把詹安泰和后面的叶启芳教授留在了课堂,降职使用,职称由二级降为四级。

此后,詹安泰每天就看书做卡片,将全部精力投入到宋词研究中,几乎足不出户,唯每月一两次带三子叔夏往古籍书店散心。"右派"的帽子阻断了詹安泰与朋辈的往来,甚至于见面的寒暄,然容庚每次在校道上遇到他,都主动大声地问好,也常挺身而出为先生说话,给了他几许安慰。

十月初,詹安泰随中文系其他所有同学老师往东莞虎门助建人民公社。住在金洲村,与农民同吃同住同劳动。割禾的时候,老师同学都要下田,从清晨到傍晚,有时甚至到深夜。当时中文系一个在寮步公社的二年级学生回忆道:"开始时,大家还能学着农民弓身站着割;时间久了,只能蹲下来割;最后坚持不住了,便坐在地上或跪着割。腰酸了,腿痛了,手麻木了,多想休息一会儿!可不行呀,行动军事化,还要'放卫星'。没有人甩手不干,因为怕'资产阶级知识分子'的帽子被扣到头上,而某种空洞的精神支柱也支撑着人们苦苦坚持。"很多教授下田的时候都要带着一张小凳子,詹先生倒是不用，只是蹲着，因为他习惯了蹲在椅子上读书写文章，书房太师椅的布垫上有两块补丁，而且是补了多次的，便是他的脚印。

其时"大跃进"的狂热，一浪高过一浪，除田间劳动外，老师同学们还要四处找铁矿，炼钢铁。就是在下乡期间，詹安泰也诗词不断，作有《下乡速写》组词四首：《临江仙二首·虎门公社金洲村一九五八年十月廿三日》《前调·人民公社赞十一月七日》《蝶恋花十二月十六日》《浣溪沙十二月十七日》。这一年，詹安泰有文《从宋人的五部词选中所看到的一些问题》发于《文学遗产》第四百四十七期。

1959年，《离骚笺疏》一书成稿。这是詹安泰即便在运动中，依然不忘学术的成果。

1961年"摘帽"后，詹安泰也能马上投入教学与研究中。学生陈新伟回忆说，"从母校传来消息，詹安泰老师的'右派'帽子摘了，马上开了宋代文学史。据说，教室挤得满满的。许多校外名流，也前来听课。其中两个最好的座位，是中文系指定留给粤剧界的泰山北斗：马师曾和红线女。"一位教授开始正常上课，竟然出现喜大普奔的情景，不只学生们之间奔走相告，连校外的名流也在获得消息后，赶紧走"后门"去占位置听课。民心民意在哪，一目了然。

同年，学校要詹安泰招收"宋词"方向的研究生，他马上又精神抖擞地投入培养高级人才的工作中，迅速为研究生的教学编写了《宋词研究》的讲义。与此同时，他又撰写了大量有关古典文学，特别是唐宋词家及其作品的论文，并在报刊上发表。收录进《宋词散论》中的许多文章，就都是在1962年后"枯木逢春，重发新枝"的状态下写就的。

《詹安泰词学论稿》

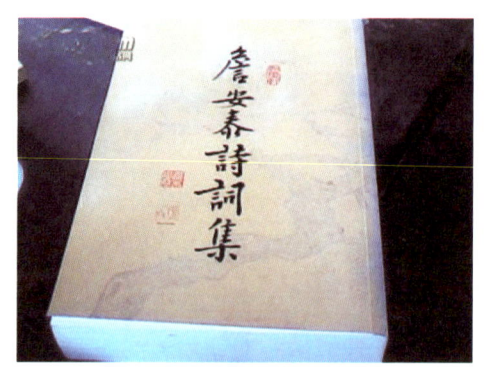

《詹安泰诗词集》书影

苦难似乎过去了……当然，这只是一厢情愿的想法。

1965年11月10日，上海《文汇报》发表了姚文元的《评新编历史剧〈海瑞罢官〉》一文成为"文化大革命"的导火线。十年的"文革"浩劫开始了。

1966年10月，第一张打倒詹安泰的大字报贴出来之后，65岁的他被发现患了淋巴癌。他，成了一只"死老虎"，各种批斗、游街逃过了。但比这些更让他痛苦的，那就是抄家、"破四旧"，他付出无数心血的一些文稿难逃一劫。比如，他的扛鼎之作《词学研究》，现在就只能看到部分。

一天傍晚，三子叔夏把父亲两大箱书稿拿到楼下"破四旧"，詹安泰故意先烧已刊印的手稿，然后才是未刊印的，而且慢慢一张一张地烧，直到在场的红卫兵等到不耐烦，让拿回去等候处理，才算保住了部分手稿。有一段时间，詹叔夏每天都偷偷藏几张在衣服里，带出学校，埋到地下，终是保住了父亲的部分心血，可惜《宋词研究》十七章以后的原稿无法留住。焚烧书稿的时候，病重的安泰先生就趴在窗台，一边看一边流泪。他的心肯定如刀在割般的痛吧。

1967年4月，詹安泰淋巴癌复发，中山医学院附属肿瘤医院不肯再收治，只得在中大护养院最高一层觅得一床位住下，詹安泰笑称这是

"天字第一号",颇见乐观之态。4月6日,与世长辞。

1949年中秋前后,詹安泰因惦记香江的文坛故旧,曾去香港短暂探访,与当时在香港大学执教的饶宗颐及多位诗坛友朋相聚一起,互相酬唱。当时朋友均劝他留在香港工作,但他眷念母校家人,再三思考没有答应,终究还是在数日后返回广州,广州随即解放。对那个时代来说,一念之间,命运亦会两样。不知他忆起往事时,会否后悔。如是当时去了香港,以他的才学,自会名满香江,甚至因研究机会多的缘故会再拓新领域亦不定。呜呼哀哉!往事不可寻,只待留后人了。

除了詹安泰,中大中文系好几位有名的教授像董每戡、容庚等在历次政治运动期间也都难逃厄运,先后惨遭迫害。戏曲名家王季思教授虽然在"文革"中也受了冲击,但最后还是活了下来。中大古典文学这块金字招牌的创建者,能活下来并在"文革"后继续发挥作用的也只有王季思教授了,因此在古代戏曲方面就有了较好的传承。

1984年,中共中山大学委员会发出《关于"詹安泰先生被错划为右派分子"的改正结论》,去掉"尾巴"问题,詹安泰的罪名彻底洗脱。

令人嘘唏不已!真是不堪忆当年!

事实上,作为从旧社会过来的知识分子,詹安泰是衷心爱护重新给国家民族带来稳定的新中国的。他积极主动学习新理论,以期用新的且应该是先进的文学理论来重新对待及研究他浸泡了几十年的古典文学,所以说"三年不读线装书"。事实上,他也做到了,他先后系统地阅读的中外文艺理论著作就有两百多部,并写出一批水平很高的学术论文,如1953年在《人民文学》发表的《诗经里所表现的人民性和现实主义精神》,被学术界评为解放后第一篇试图用马列主义观点方法研究《诗经》,并取得卓越成绩的学术论文,在古典文学界产生了很大的反响。

但同时，詹安泰又并不跟随当时躁进的学术潮流，对当时学界存在的庸俗社会学倾向和简单化、公式化、概念化等问题，予以揭示和批评。在《对我国目前古典文学研究工作的意见》一文中，他毫不客气地说："有些人对古典文学研究工作中之所以会走上错误的路子，其中的主要原因之一，是缺乏对古典文学本身的修养。而这点，和他们不重视艺术特征，不能对作品本身进行深刻的分析，是互为因果的。"

詹安泰指出："由于他们错误地认为懂得几个简单的词汇，如自然、精炼、生动、活泼、正确、鲜明等，就可以解决古典作品中关于艺术性的问题。因而对古典作品就不加深入钻研""应该扩大古典文学作品研究对象的范围，把思想内容和艺术形式结合起来，除了表现有利于人民大众及国家民族的作品外，凡是能够运用民间文学的形式、反映祖国伟大的图貌以及描写部分人民的生活的作品，都值得考虑，不应用狭隘的偏见去理解人民性和现实主义的精神"。

就是于今天看来，这当然是做学问的正确途径。但当时就显得颇为另类了。

在那"阶级斗争为纲"的峥嵘岁月里，詹安泰在历次政治运动中难逃厄运，成为"老运动员"，跟他这种正直品性息息相关。但这恰恰又是从事学术研究不可少的。矛盾不可调息，身心俱疲亦就不可避免，更可怕的是学术活动自由的被剥夺。

罗曼·罗兰说，"世界上只有一种真正的英雄主义，就是认清了生活的真相后，还依然执着地热爱它。"詹安泰心中或许也有这种英雄主义，只可叹英雄气短，十年浩劫中，他以久病体弱之躯，重罹劫难，癌魔缠身，终因求助无门，救治乏力而去世，终年只有六十五岁。

吴承学教授在《我所感受的潮州文化》一文中说："作为潮州学

人，詹安泰先生代表的是五六十年代中国古代文学的研究水平。这也是潮州文化的代表人物。但是我在编辑他的文集的时候，总是感到他的才能并没有充分地发挥。由于受到政治方面的影响，限制了他学术研究的自由。1957年以后，他的生活一直很压抑。65岁就去世。如果天假以年，他肯定可以取得更为辉煌的成就。"

学文堂里三兄弟，都学了文。老大安泰为一代词宗，成就最大；老二在老家饶平，曾任家乡中学的校长，"土改"时受冲击，去世了。老三去了南洋教书，1998年去世。詹家，经过詹挥琼或者更早一代的经营，在詹安泰身上完成了家族转型，从一个乡绅富农上升为文化名人，并且下一代进一步巩固，从而成就了文化世家。

詹家在饶平的知名度也正是其历代文脉鼎盛而来。詹安泰在村民中的巨大影响至今仍有迹可寻。一直到现在，那里的中学还有农村里的青年，很多人喜欢写字，中小学里的老师还喜欢作点诗词。甚至于，他们写的字也模仿詹安泰的字。一个偏僻的山村，竟爱诗词书画，初次听说你会吃惊乃至不信，但当你了解了那片土地以及那片土地上走出的人，你又会觉得极为自然。"教化乡里"四个字在那里，不是抽象的概念，而是具体到可听、可见、可触摸的。

恰似一江春水向东流

今天的我们知道詹安泰、了解詹安泰的不多，但在词界，特别是当代词坛，他的名字却绕不过去。他以词名世，又兼擅诗词创作和词学研究，这在中国诗坛上并不多见。他既是20世纪我国杰出的词学家和文学史家，又是著名的诗人、词人和出色的书法艺术家。

他的出现，以他的个人影响力，改变了过去认为诗家词家都在江浙的看法。与夏承焘、龙榆生、唐圭璋齐名，被誉为当代词人中"四大家"之一。岭南词宗之名，名副其实。

詹安泰的学术成就与影响，这里不多谈，但诗词依然通用于今天，了解一下詹安泰论诗词的一些看法与观点，对我们不无益处。

比如，唐诗宋词是我们儿时必不可少的背诵课目，那么，在中国的文化史中，为什么会出现"词"这种体裁呢？

关于词的起源，历来有几种说法，有以为出于古乐府的，有以为源于六朝诗的，有以为词由诗变，始于中唐的。詹安泰排除了旧的说法，指出词的兴起，既与外来音乐有关，又与当时流行的民歌有关，他认为："受了新的外来音乐的刺激，在传统的乐府民歌基础上创造了较为新颖自由、较多变化的体制来适应当时的生活需要，更吸取了一些流行民间的新东西（包括宗教迷信的东西），使它更带普遍性，这就形成了当时的一种新体诗——词。"他还用充分的材料说明词与燕乐的关系,并根据"敦煌曲"中许多无名氏的作品判定:词属人民首创,它在民间流行后才逐渐转到文人之手。他坚持人民是历史主人的观点,纠正了封建文人的传统看法。

比如,今天我们常说"美人迟暮",这个"美人"是美丽的女子吗?

事实并非如此。"美人迟暮"出自《离骚》中的"恐美人之迟暮"一句。这个"美人"到底说的是谁,从汉代以来也是众说纷纭。很多大家都有论断。王逸、朱熹、洪兴祖等都以为是指楚怀王,清代朱冀等则认为是屈原自喻,朱骏声、马其昶则认为泛指贤士,戴震则认为喻壮盛之年。四种说法彼此纠葛,客观上加剧了理解的困难。

詹安泰从上下文的关系来立论,特别是下文"不抚壮而弃秽兮,何不改乎此度?乘骐骥以驰骋兮,来吾道乎先路"几句,明显带着责备的语气,既要求统治者"乘骐骥以驰骋",又毅然以前导自任,则上文理想中的"美人",从屈原当时的政治现实来看,自然是非楚怀王莫属了。其实,在《离骚笺疏》中类似的裁断不一而足,虽只涉及个别字词的解释,但正反映了詹安泰的深湛之思。感兴趣的读者可以找来一读。

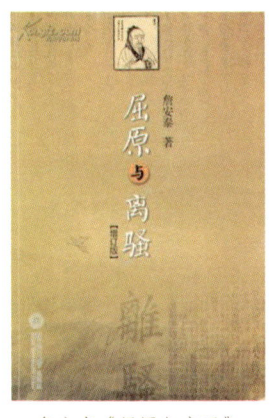 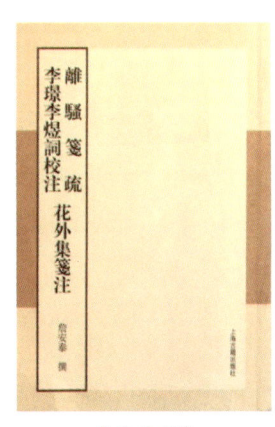

詹安泰《屈原与离骚》　　詹安泰著作

再比如，你会否也有过"为什么要学那些古诗词？有什么用？"这样的疑问？对此，詹安泰也有阐述。

他说，"我们处理古典文学，其目的，不仅仅是发扬过去的优秀传统，对古人负责，更有意义的是因为这一工作是有利于创造新文化，要对今天和明天的人民负责。从发扬旧传统到创造新文化，古典文学研究在其中担当了一个十分重要的纽带作用。"

学旧，是为了创新，这是詹安泰对自己钻研了一辈子的古典文学价值何在的答案。对这一条，他自己也身体力行。他所作诗词，既学有渊源有脉可循，又自成一体自造新境。他的诗词创作与理论研究互相印证，在整个中国词史上亦不多见。更难得的是，他自觉地从国家学术事业这一角度来对待诗词研究，努力补偏救弊。

再比如，对"问君能有几多愁，恰是一江春水向东流"这句词我们都很熟悉和喜爱。詹安泰对这一句也是极为喜爱的，就由此一点来具体看下詹安泰是如何论词的。

从他发表的作品中，可以知道他对南唐后主李煜是非常感兴趣的。早在1947年，他已在《无庵说词》中论及二主词。其后在50年代中期，他潜心探讨二主词的评价问题，在《文学遗产》发表他对李煜及其作品的具有独创见解的论述，又在中山大学学报上发表《李煜和他的词》的长篇论文，系统而集中地阐述他对李煜及其词的看法，并系统整理成《李璟李煜词》一书交人民文学出版社在1958年出版。

他对李煜词的非凡见解引发了20世纪50年代中后期在学术界展开了一场对李煜及其词的热烈讨论。詹安泰在对李煜的生平及南唐政治形势进行详细分析，并将李煜词加以分类剖析之后，认为李煜词中表现的爱情固然不能等同于一般封建帝王的荒淫生活的表现，也不完全等同于一般人民的爱情生活。人们欣赏这些词不在于其中的具体内容，而在于李煜的大胆真实的描写和描写艺术的较高成就。由于李煜作品中所表现的愁与恨，正是人们在现实生活中最易感受到的愁与恨，人们在读这些作品时，自然就会受其感染，以赞叹其作品中表现的愁恨一样的眼光来赞赏这些作品。詹先生认为李煜词是真实情感的流露，认为它具有一定程度的典型意义和体现人所共有的特征，能够感动不同时代的各个不同社会集团的人们。

他的这些精辟的论断，在20世纪50年代学术界相当普遍地把人的阶级属性夸大到绝对程度，价值评判中出现庸俗社会化倾向的历史背景下，他的这些不为时见所囿的见解，显得独具卓识，难能可贵。事实证明，詹先生对李煜词理性的学术分析，是经得起历史的考量的。随着时间的推移和社会的发展，后来已大都为学术界所接受。他的《李璟李煜词》几十年来一版再版，累积印数十五万册以上，迄今仍是畅销的古典文学读物，在学术界的影响很大。

他的不少论述唐五代及南北宋词的文章，在1980年由广东人民出版社汇编成为《宋词散论》刊行，首版就印了一万三千册，一年多以后，又再版加印近三万册，成为词学研究者争相购置的重要参考书。《宋词散论》和《詹安泰词学论稿》充分显示出詹先生在词学研究上的精深造诣，在词学界乃至整个古代文学研究领域，都产生很大的影响。

现在，我们是听不到詹安泰讲课了，但却可从他的著作里体会一二他上课时的风采。因为，有的课堂讲稿内容被他后来整理完善成稿或成书出版了。

上面曾提及有学生说，上课时在剖析词的形象时，詹安泰往往旁征博引，反复启发读者的鉴赏力。现在我们就来看看他是怎样启发的——

詹安泰《宋词散论》

像分析柳永《雨霖铃》"今宵酒醒何处，杨柳岸晓风残月"词句，詹安泰指出它的好处是集中了许多触动离愁的东西来表达作者的愁怀，"离人饮酒，是作为麻醉剂来消减愁怀的，酒醒无异愁配"，更难排遣，詹安泰说："李璟《应天长》的'昨夜更阑酒醒，春愁却过病'；周邦彦《关河令》的'酒已都醒，如何消夜永'，都明显地说明这种情况。"至于这词情景联系，詹安泰从"杨柳岸晓风残月"，谈到温庭筠的"江上柳如烟，雁飞残月天"，韦庄的"惆怅晓风残月，相别"，由此及彼，让读者触类旁通。因此，他剖析词作的过程，也是使读者提高艺术鉴赏力的过程。

所谓的旁征博引、纵横开阖，莫过于此了。

詹安泰论词，紧紧抓住词这一形式所特具的构思方式来进行。例如温飞卿的词，喜欢用色彩浓艳的字眼去创造艺术语言，有些作品，骤然看来只是一堆人物动作或自然景象的罗列，使人读来不得要领。但他根据"词意不贯"的特点，以鉴赏家的特有眼力，从温词里各种形象抽出内在联系的线，剖析它在浓艳辞藻掩盖下的真实含义，使人豁然开朗。像《菩萨蛮》"水晶廉里头梨枕"，他从它写水晶廉、头梨枕、鸳鸯被，看出作者在记述留宿的地方；从柳如烟、残月天的形象看出作者记述清晨别离的地方；从女子的衣饰打扮，从她双鬓被荷花隔开，玉钗摇动，看出作者写女子划着小艇，穿过花溪。经过一番抽丝剥笋式的分析，詹安泰让读者理解，这一首颇为费解的词，其实是一幅异常动人的完整鲜明的送别画。

听他的课，看他论词的书，就是一个提升词的鉴赏力的过程。其知识之渊博，眼光之犀利，思维之严谨，风度之翩翩，使人如沐春风，让人赞叹。如果真有穿越之事，真想穿回去体验一下詹老师的课。

詹安泰在他几十载的学术生涯中，由于他的国学根基深厚，又能注意经常充实新的理论方法，使他能在我国传统文化领域中游弋自如，呈现出涉猎面广，体系性强，兼具总结性与开拓性的特长，处处显示出他全面而科学地驾驭古典文学的非凡功力。

除了对词学研究情有独钟外，他在《诗经》的研究、《楚辞》的研究以及古代文学研究理论方法的探讨和古代文学史的编纂中，也都发表过令人瞩目的传世佳作，为20世纪中国古代文学学术史留下了一笔笔宝贵的文化遗产。他在20世纪50年代"反右"以前，花了很大的力气对屈原和楚辞进行深入的研究。一方面就屈原的时代、家世和出身、生平、思想等进行深入的论证，认为屈原是"中国的浪漫主义和现实主义相结合的古典文学的奠基人"。"他的文学作品兼有了中国古典文学作品中所有的优秀传统，而他对待文学作品的态度，则是可以作为一个优秀文学作家的楷模"。他的这些观点反映在1956年发表的长篇论文《论屈原的阶级出身、政治地位及其在文学上的作用》一文及随后于1957年由上海人民出版社出版的《屈原》一书中。

另一方面，他又结合课堂教学，撰写了《离骚笺疏》的讲稿，对《离骚》作了深入细致的笺注和疏解。他汇集从王逸以来历代学者对《离骚》的注解，爬梳剔抉，从中阐明自己对《离骚》的见解，并对《离骚》文意逐段加以详细的串解。对《离骚》的思想艺术及其在文学史上的地位和影响加以阐述。《离骚笺疏》在他辞世多年以后才于1981年由湖北人民出版社出版。

对詹安泰来说，晚年的他应该是愁苦的，于他，倘要"问君能有几多愁"，应该是"恰似一江春水向东流"吧。江水悠悠，所过之处，滋养了土地，带来了生机，人们伴水而居，且歌且乐。一生遨游词海的他，有一条自己的江，他的这条江，会滋养耕耘于古典文学领域的后人，以及对中国古典文学感兴趣的人们。

孩子教育，重诗词重陪伴

詹安泰和柯娥仙养育了三子四女，三子分别是伯慧、仲昌、叔夏，四女分别是慧明、慧玲、慧凡、慧萍。七个子女中，因为时代原因，只有大儿子和二儿子读了大学，大儿子伯慧为方言研究领域泰斗，一门两代均泰斗，殊为不常见。二儿子去世得较早，所以对他的了解很少。三儿子高中毕业就下放农村，现在也七十多岁了，身体情况不大好，我们不敢多加叨扰。

对孩子的教育，詹安泰谈及的并不多，但从只言片语或顺带提及的文字中，却不难看出他对孩子的教育是极为看重的。现在很多年轻父母都知道并认可陪伴在孩子成长中的重要性，而早在二十世纪三四十年代，詹安泰就已知道这点，即便在战乱中，仍是一安定下来就把孩

詹安泰夫妇与七个子女

1957年詹安泰与詹伯慧在青岛

子接到一起。自己访亲拜友、诗词交往中，也常把儿子带在身边。

下面就来看看，詹安泰是怎样做父亲的。

1931年7月10日，詹伯慧出生于潮州。四五岁时，小小詹伯慧已是见识颇广了。为什么这么说呢？

先是四岁的时候，他就在父亲督促下背唐诗。此时，詹安泰任教潮州韩山师范学校已有八年时间，诗名四起，影响日隆，名士正养成。生活安宁，家庭稳定，事业顺利，正是顺风顺水之时，长子的到来更添欢乐与喜悦。

詹安泰对这位长子的期待和慈爱可以从他的诗词中看到一些。他在《得慧儿报艺冠其曹，成此却寄》一诗中写道：

> 知谁为汝品题宽，使我于今笑恼难。
> 蹉跎半生书岂外，沉绵万劫眼频看。
> 多时未信龙失驭，何日真能见与挎。
> 共慰唯馀一事在，高堂长健故家安。

孩子带来的欢乐以及对孩子的期待，均可从诗中感受到。家庭的稳定也给当时的詹安泰带来了宁静。四岁就教孩子背唐诗，詹伯慧说:"希望孩子从小有这种细胞,有这种爱好。"这个兴趣培养得很成功,读唐诗宋词确实成为詹伯慧一生的爱好,"走到哪都带一本唐诗在身边,高中时这样,大学时也这样,闲时就看。"詹伯慧说。

在教儿子背唐诗的这一年,也就是1935年11月,詹安泰在分寄榆生及瞿禅的《燕山亭》词中也涉及儿子,虽然是借典故道出,但描述的是他的生活,词云:

空外哀笳,吹落冻禽,暝色旋笼高树。待指斗牛,与说开天,一觉前宵风雨。惨碧楼台,问经碎、秋魂知否。迟暮。长梦涩关榆,教儿闲谱。

须信掩泪孤吟,误几度凭阑,片帆南浦。腰肢瘦了,翠鬘携归,知它舞杨谁妒。万一回头,看海水、横飞天宇。休诉,离雁共、夕阳凄苦。

他在"教儿闲谱"处有一按:"出自刘后村诗:生怕客谈榆塞事,且教儿诵《花间集》"。《花间集》是中国五代十国时期编纂的一部词集,收录了温庭筠、韦庄等18位花间词派诗人的经典作品。只不过,詹安泰闲时教儿的不是宋词,而是唐诗了,这是他的生活状态。

前面说到过詹安泰为学生写字的事,其中亦可看到詹伯慧的身影:

当时伯慧世兄只有五六岁,他拿一本《千首宋人绝句》。我牵纸,他念诗,詹老师就照他所念的诗,写成一张张条幅。我现在挂在厅壁那副"放开肚量食饭,立定脚跟做人"的楹联,就是在这种情况下写的。

这是詹安泰在韩山师范学校时的学生蔡起贤的一段回忆。可见,五六岁时的詹伯慧识字量已经相当大,起码足够读《千首宋人绝句》

了。他再大些，磨墨牵纸这些事就是由他来做了。

詹安泰对儿子的读诗计划抓得很紧，詹伯慧回忆说："父亲在韩山师范学校教许多门课，工作很忙，但每天回家还没忘督促我背唐诗。我在进小学以前，父亲给我的启蒙教育就是背诵唐诗。他那摇头摆脑地示范背诗的神态，如今想来历历在目。那时候我还没进小学，父亲要我背的唐诗，大都是脍炙人口的五言、七言绝句，至今过了七十多年，大都还能在我的脑子里记住。"当时，詹安泰还把诗写在墙上或屏风上，方便儿子读。

可以看出，对儿子的教育詹安泰是相当上心的。现在的年轻父母很多也让孩子在四五岁时就背些唐诗，不过，却是比较随意的，大多背上十首八首就完了，没有体系，没有坚持。其实，孩童时的记忆力特别牢，能记一辈子，像詹伯慧，时间过了七十多年，背过的唐诗大部分仍能记住。

再是四五岁时，詹安泰常带着他一起出门。

比如去饶府。有一段时间，詹安泰几乎每天都去饶府的天啸楼看书论学，他就常把当时才四五岁的儿子带在身边。天啸楼是饶锷家的藏书楼，当年收藏古今中外各种书籍多达十多万册，为粤东区最大藏书楼。饶锷曾自作一副对联概括一生，"卅年入世、卅年涉世、廿年玩世、世事饱经，老来厌谈天下事；藏书万卷、读书千卷、著书百卷、书生结实，闲来学种故候瓜。"而年仅四五岁的詹伯慧，就已经是天啸楼的常客了。饶府公子饶宗颐小时即有神童之称，少年即被称为"潮州才子"。当时詹安泰还经常跟饶宗颐等人论学。四五岁的孩童当然听不懂他们谈的是什么，但那种氛围带来的影响却是更为深远。对此，詹伯慧说，"耳濡目染，在我幼小的心灵中，就对'潮州才子'和'天啸楼'有了较深的印象。"

在韩山师范学校任教的那段时间，詹安泰经常乘火车去汕头会见诗友。有时，他会带上儿子一起去见见世面，一直到今天，詹伯慧还记得儿时乘火车来往潮州汕头之间的经历,"父亲每到汕头,总有一些仰慕他的青年找他请教文学、诗词方面的问题。"总是一群人拥着他,听他谈文学、谈词,而他总是那么轻声细语的,把自己最新的研究成果、作的新词拿出来念给大家听。

20世纪二三十年代,很多人是终其一生也没坐过火车的。而几岁孩童的詹伯慧已经对乘坐火车不陌生了。詹安泰把儿子带出来,就是为了让孩子见世面长见识。

最后就是家里来往的人对詹伯慧的影响。

詹安泰的交往是广泛的。当时其在潮州城里胶柏街上的寓所虽然简单朴素,但院子清幽,客厅经常客满,出入的经常是潮州城内有名的文人墨客,真正是"谈笑有鸿儒,往来无白丁。"客人们高谈阔论,品茶论艺,其间经常可见的就有潮州才子饶宗颐。

凡事见得多了,就淡定了,名人见得多了,也就寻常了。这种从小由环境而练就的从容淡定,实非一般家庭能比。在詹安泰这代,詹家已完成了从饶平客话区稍有名的书香门第,到潮汕区有名的书香门第的转变,世家的心态是一点一滴积累出来的。詹伯慧一直为人称道的淡定从容与大度,很难说跟这没有关系。

因为家世的缘故,五六岁的詹伯慧其见识亦非一般同龄孩童可比。

詹安泰很难得的一点是他比较注意把孩子带在身边受影响。只要可能,他总是把孩子带在身边。

1939年初,詹安泰和家人约定,自己先单身赴任云南(中山大学当时已迁往云南),其后妻子柯娥仙再带着小孩过去,并约饶宗颐一起同往。本来,妻子是要带长子伯慧一起过去的,但爷爷觉得炮火连天的,路上太危险,不肯。妻子只好带着一岁多的女儿和饶宗颐一起绕道惠州经香港再转安南(越南),取道滇越铁路上昆明找他。后来饶宗颐路上生病,柯娥仙只好自己带着女儿从香港出发,辗转经过安南进入云南去找詹安泰。

詹伯慧当时就留在了家乡,在家里读小学,留在了潮州。詹伯慧说:"抗战时期,潮州也告急,但是我的老家饶平上饶地区在潮州北部山区,日本人打到潮州、汕头等沿海地区,却没有打到我老家,我外公外婆为避战乱就把家搬到了饶平。我就跟着他们在老家饶平读小学。"

后来随着战事变化,20世纪40年代初,中山大学又继续搬迁,搬回到广东粤北的坪石,就是广东跟湖南交界的地方。坐粤汉铁路的火车,坪石一过就是湖南了。当时广东省的省会就在韶关。坪石是韶关乐昌县的一个镇。搬回来以后,中山大学的校区分散在好几个地方。医学院在乐昌,文学院在坪石。坪石位置有点像抗战时期广西的桂林,是很多文化人聚居的地方。当时中大文学院就有很多文化名人,像洪琛、马思聪等都在中大任教,陈寅恪也到坪石来演讲过。

坪石的环境安定了一点,詹安泰马上回老家把儿子接了过来。这时詹伯慧在老家已经读过四年级,就要读五年级了。五年级、六年级这两年很关键,刚好他就来到坪石跟在了父母亲身边。詹伯慧读的学校是广州同乡会办的小学,设在广同会馆,叫汉德小学,他五年级、六年级两年都是在那里念的,小学就在坪石毕业。

后来日本人又打过来,坪石又要沦陷了,于是中大又搬到梅州来。梅州离家乡近,又动荡,詹安泰就把詹伯慧送回家乡读中学,他也在那所中学教了几个月的书。其他孩子,则一直跟随在他身边。

陪伴对孩子的成长非常重要,很多心理学专家、育儿专家都指出过这点。但即便是专家和媒体均呼吁,很多年轻父母并不以为然,理由是工作太忙,而且觉得自己忙也是为了孩子,为了能给到孩子最好的生活。这其实是错误的。好的生活,也只是你认为的好生活,对孩子来说,爸爸陪着他哪怕是踢踢球、自己动手做玩具,也比玩名牌玩具开心得多。

中国传统的知识分子在教育子女时，往往严格有余慈爱不足。詹安泰对子女要求也严格，但又不失慈爱。孩子们对他敬畏较多，但常有交流，他与孩子的相处，是融洽的。

1964年，对詹安泰来说是一个难得的春天，"摘帽"后的他重新回到教学岗位上。其时，詹伯慧在武汉大学当老师。这一年的暑假，他回广州，有一天对父亲说了自己学生许武扬要结婚的事，觉得父亲如果书写一副对联送出，许武扬会很高兴。詹安泰一听就十分高兴，放下手头上的工作，和儿子一起上街去选购宣纸。买纸都跑了半天，直到买到满意的为止。父子俩都汗流浃背。

纸买到了，写些什么呢？詹伯慧说许武扬非常喜欢李清照的词，不如就从李清照的词中挑选联句来写。儿子一提议，詹安泰思索了一会，提笔挥毫一呵而就："共尝金尊沉绿蚁，梦回山枕隐花钿"。上联来自李清照的《渔家傲》，下联是她的《浣溪沙》。二联用了碑体来写，凝重而典雅，独具风韵。上联抬头的"武扬、亚丽结婚志喜"和下联落款的"伯慧、永强、翼翔、国梁、蓄翼、能雄同敬贺"均为楷书，给人以端庄、秀逸的感觉。

这样的贺礼，实在是花了大心思的。没有诗词的功力就选不出来李清照这两句，没有了得的书法，又不能成就为一幅作品，缺一不可。既有美好祝福，又是对方喜爱的李清照的词句，怪不得许武扬打开看时那样惊喜与感动。对了，詹伯慧联合几个朋友送给许武扬的结婚礼物是：一套精致玻璃器具和这副对联。

这件礼物让许武扬感动不已，因为当时詹安泰虽然年仅六十多，但自1957年"批右"以来，他已身心俱损，"摘帽"后身体一直未曾恢复，又一头扎进古典文学的研究与教学中，工作忙碌而繁重，却欣然应儿子请求，还特意上街买好的宣纸，只能说，心底的善意与纯净在几十年的今天说及此事时仍可感受到。而从其中，我们还能看到父子间的那种融洽与亲密。

45年后的同一天,她与他相会

这里还要说一个在詹安泰生命中必不可少的人,妻子柯娥仙。

民国时的婚姻已颇为开明,柯娥仙是他第二任妻子。1921年,20岁的詹安泰与邻乡张阑记之女结婚。出身于书香门第,从小才名在外,又正在读大学,对很多人来说,詹安泰应该是个好女婿。1926年在省立韩山师范学校时,他与张氏在韩山师范学校附近租屋同住。1927年,张氏因病回饶平,遍寻医生医治,但无起色,遂回娘家休养。又一两年因女方另有所爱,婚姻结束。

1930年10月,詹安泰和柯娥仙成婚。柯娥仙家境不错,是潮州枫溪柯诚记之女,有屋又有田。当时有钱人家常送女儿去上学,家人送柯娥仙读省立韩山师范学校。不过,她没有读完书,19岁的她就嫁给了自己的老师。一位女子,主动追求自己的幸福,即便已是在讲婚姻自由的民国,仍然显出勇气,用现在的话说,绝对算得上是个"潮人"。青年时期的詹安泰气质出众,清俊潇洒,已深具儒者风范,

50年代詹安泰夫人柯娥仙在广州中山大学住所前

20世纪50年代詹安泰伉俪在广州中山大学珠江岸边合影

她对他极有可能由仰慕产生爱意。婚后,他们在潮州城内胶柏街租得一处带五间平房的小院,院子很清幽,家中陈设简陋,但满目图书。

詹安泰之孙、著名足球解说评论员詹俊曾写有一篇《我的奶奶》追忆她,其中写到她带着幼女和饶宗颐一道去澄江的情景:

> 爷举荐饶先生入中大任教,正好他陪伴奶奶出行。走陆路不安全,他们坐船先到了香港。遗憾的是饶先生病倒了,希望养好病再继续行程。不,我们自己走。奶奶吐了口烟。那个年代恐怕打不到电话,怎么通知爷爷?电报。就这样,奶奶抱着大姑,坐船从香港漂到越南,再从那里坐火车上昆明。

一个女人带着孩子独自上路,炮火连天中,几经周折,去与夫君会合,其中的艰辛不言而喻。詹俊说,"她说在火车站终于见着爷爷的情景时,我脑子里全是电影《滚滚红尘》。"

这样一位不乏毅力与决断的女子,又是非常柔软的。独自带大七个子女,操持家务。她的柔软很好地中和了詹安泰的严肃。詹俊说,他小时候就看到奶奶跟儿子们之间很亲密地交流:"我三叔调皮,切白切鸡的时候会吃上一块,这时奶奶会打他一下,说他两句。"

詹伯慧三兄弟和母亲合照于中山大学家中（1990）

她的二儿子，也就是詹俊的父亲，每次回去看她，都会买些柿子。詹俊说其实自己也喜欢吃柿子，但在家里是吃不到的。"父亲1992年在荷兰病逝，长辈们觉得还是不要把消息告诉她更好。后来她住院，住了近12年，每回我去看她，她有意识时，就说如果不是她年纪大了，就去看我爸。然后在接下来的一个小时中，她就不停地重复这句话。"

"在她印象中，我爸比较省，我又从小就瘦，读大学时有时回去吃饭，她总跟我说，不要那么悭，每次都多煎个荷包蛋给我，叮嘱我：别太省。"

不管外面风雨如何，一回到家，总有一分温馨与安宁，这是她为丈夫和孩子们打造的。詹俊说，在奶奶身上，自己学到了怎样去爱人。

她肯定也有无助的时候，尤其是詹安泰被打成"右派"的那段时间，自己的丈夫是个什么样的人她当然清楚，可是校园里到处都是批斗詹安泰的大字报，给人的压力可想而知，而且，她还要看着他背着大"右派"的帽子，接受批斗。她能做的，是默默站在他身边，让他不管什么时候都有一个家。

1967年詹安泰去世后，她的日子更为难过。她被学校赶到东北区那栋旧的学生宿舍。詹俊说，搬家时没什么人敢出手相助，只有同是潮汕人的外婆，招呼来几个人用大板车帮忙。因为书多，学校给了两个房间。在中大，这幢学生宿舍有个别称，叫东伯利亚，外面太阳再猛，过道里还是黑抹抹一片，只知道最亮的那一端是另一个楼梯口。厨房厕所是公用的，开饭时厨房人很多很热闹，它对着的就是湿滑的洗手间和浴室。

1984年，詹安泰平反后，几经波折，才在省委领导的关怀下，在西南区重新分到两室一厅的房子。

八十多岁时，柯娥仙摔了一跤，导致骨折，因为年纪大不宜动刀。在中山医科大学保守治疗了三个月。后来听说荣军医院可以接收长住，家人就把她送进去了，一住就是十来年，请了护工24小时陪护。詹俊去探望她，好几次，她见到他就流泪，说，快点让你爸爸回来看看我，怕是日子不多了。

2012年4月5日，柯娥仙以100岁高龄去世。詹伯慧说，"4月5号是清明后一天，我父亲1967年4月6日去世，也是清明后一天。父亲等了母亲45年。父母亲都是清明后一天走的！实在太巧了！这件事使我太相信缘分了！"

她是纯粹的家庭妇女，没有参加过一天的工作，家庭就是她的天地。这个天地有的人看着小，有的人看着大。在孩子的成长道路上，丈夫引领着方向，以身体力行的方式影响子女走哪条路，怎么走；她则以日常中的点点滴滴，告诉子女如何与人相处，怎样去爱人。

她对子女的爱，对晚辈的爱，把家族各人紧密联系在了一起。她在世时，每年大家会在一起吃年夜饭；她去世后，即便像詹俊这样不在广州的，每年清明也要赶回来，上香扫坟。

詹俊脑海里有一幅画面总是特别地清晰：小客厅里，患健忘症的奶奶点着烟和他聊天，过一会就要进房间找钥匙。翻箱倒柜，出来看见他，惊讶地说：小俊，你来啦？现在哪工作？一晚上就这么循环着，钥匙就挂在她脖子上……每一次，她眼里的喜悦都是那么动人。

治学续家风
文质两炳焕

詹安泰家族

语言学家：詹伯慧

YUYAN XUEJIA
ZHAN BOHUI

詹伯慧，当代语言学家，教授，博士生导师。笔名柏苇。1949年考入中山大学文学院语言学系。1983年10月到暨南大学任教，曾任暨南大学文学院院长、广东省文史研究馆副馆长，2005年从暨南大学中文系退休。现任暨南大学汉语方言研究中心名誉主任。广东省首届优秀社会科学家，1992年和1997年被评为全国语言文字先进工作者，第七届全国人民代表大会代表，第八届、第九届全国政协委员。

治学续家风
文质两炳焕

詹安泰家族

公子不傲骄,过目不忘

詹伯慧的父亲是著名的教授,岭南词宗,书法家,从小,詹伯慧跟父亲出门拜访的是如饶府这样的当地名门;家里来往的均是饱学之士,赋诗填词,谈古论今。他就在大人的应对唱和中为父亲研墨牵纸。

长大后,别人介绍时,起头一句往往是"这是詹安泰教授的大公子"。而他自己本身也极为给力,可说是英才少年,读书从来不用父亲操心,更是以第一的成绩考进中大语言学系。这样的背景,这样的实力,足够让人傲骄的了,但詹伯慧没有。

高中同学黄雁洲说,"1946年夏天,我从广西偏僻山村来广州投考高中,被当年国立中山大学附属中学录取。入学后,和伯慧同窗三年,同住景堂院集体宿舍,同享公费待遇,同在学校食堂用餐。同学们来自四面八方,讲各种方言。我刚从乡下出来,广州话也说得不标准。伯慧口齿伶俐,会用广州话、潮汕话、客家话、普通话等与同学们交谈,令我十分羡慕。他读书很用功,记忆力很强,记车牌号码和电话号码在班里都是一流的。他读书简直过目不忘。他长于语文科,学习英语进步很快,常得到英文老师的表扬。课余时,他常用些学到的英语和同学们开玩笑,十分幽默,同学们都很喜欢他。"

大学同学欧阳觉亚说,"我们在1949年考取了中山大学文学院语

詹伯慧（右起第四位）与高中同学合影

言学系，高中同班的有我和詹伯慧以及另外两名同学。记得开学后，我和伯慧志趣最为相投，两人形影不离。他的许多优点和习惯爱好，对我的影响很深。我们喜欢文艺活动，跳舞、听音乐、唱英文歌、看电影、弹钢琴等都参加。我们经常参加"学生公社"每周举办一次的交响乐欣赏会，课余饭后，我们练唱英文歌曲。课外活动时间，我们到中大师范学院钢琴室自学弹钢琴，十多天后，因为越练越难，又无人指点就知难而退了。"

大学同学林穗芳说，"1949年迎新会上，知道有一位新同学是中文系主任詹安泰教授的公子，在中大众多院系中偏偏选上了我们这个小系，大家都很高兴。"

与中山大学语言学系老同学合影于北京饭店全国人大代表住处（1989）

师兄阮绍光（越南籍）说，"1949年，我与伯慧首次见面，当时我25岁，同宿舍住进了一位18岁少年，原来是本校中文系主任詹安泰教授的长公子。从此，我们建立了情同手足的友谊。我帮助小师弟学法语，小师弟帮助我学中文。伯慧天资聪颖，家学渊源，对法语发音的关键音能很快掌握，显示出语言天资。我们俩还一同参加了中文的文字改革、拉丁化新文字的研究和实际运用。"

毫无疑问，在同学的眼中，詹伯慧是戴着光环的，但一经接触又发现他是极易接近的，而且发现这位来自文化世家的公子读书非常用功、扎实。当然，他喜欢唱英文歌、听交响乐，这些还是蛮时髦的。谦和、勤奋、正直，这些性格特性伴随了詹伯慧一生，不管他处于人生什么阶段都如此。

罗曼·罗兰说，一个人身处的环境给一个人的影响，除有形的模仿以外，更重要的是无形的塑造。在詹伯慧身上，能看到詹安泰的谦和与勤奋，在学术上他更有一种紧迫感，这有时代的因素，更有他从父亲身上感受到的深深遗憾，他多次提到如果父亲多活几年，成就将不止于此。难得的是，不同于父亲的忧郁，詹伯慧多了些乐观以及幽默。

公子爱挑战，自选语言学

父为岭南词宗，中大中文系主任，詹伯慧大学报考时竟然不选文学而是选语言学专业，这是连当时语言学系的教授都拿来跟语言学系的学生说道的事。詹伯慧之所以读了语言学系，一是跟他不可复制的个人成长经历有关，二是经常接触到像王力这样的语言学家的缘故。其实，除了这些客观因素，还有一条非常重要的就是他性格里的挑战因子，他不想便利地继承现有的，而是想另走一条路，"当时我就想我得学一门呆在家里光靠自己自学不行、学不了的学问。"詹伯慧说。

1949年詹伯慧高中毕业。当时报考大学不像现在这样统考，而是一个大学一个大学（自主）招生。中山大学招生时，因为中大有个语

詹伯慧（右）与恩师王力教授合影于日本东京（1981）

言学系，他多少了解一些语言学的东西。父亲搞的古典文学他也有兴趣，但他了解到语言学要搞语言调查、语言分析，多少带有一点技术性的东西，跟文学不完全一样。他又想考一个不能在家里自学的，必须进大学里才能系统学到的专业。

中大的语言学系是怎么来的呢？

1945年，西南联大回迁北方，当时，王力路过广州。时任中山大学校长（王星拱）有"雁过拔毛"的雅号，意思是说但凡有专家人才从广州走过路过，他都要想方设法把他留下来。王力当然是被留在中山大学。当时王力提出一个条件，留在中山大学可以，但是要办一个语言学系，因为当时全国还没有语言学系。校长答应了。就这样，王先生留在中山大学，当了文学院的院长，同时办了语言学系。这时詹安泰是中大中文系的教授，和王力也很熟，常有来往。而语言学系里面的教授、老师和詹安泰也常有来往，詹伯慧当然也能经常接触到他们，对语言学的了解就在那时开始了。

詹伯慧说，以前父亲与很多诗家词家来往酬唱，他耳濡目染，听长辈们谈诗论词，往往牵涉语言问题，使他觉得诗歌的根本还在于语言，语言是文学和一切思想的载体，它是一门值得研究的学科。又由于他生活在多方言环境中，对语言学逐渐萌发了兴趣。而且在高中时就开始阅读有关语言学的书籍。面临志愿填写时，就有了语言学的选择。开明的父亲尊重儿子的意愿，并不勉强儿子继承自己的古典文学专业。

不可复制的个人成长经历，指的是他独特的多方言成长环境。

广东的方言比较复杂，珠江三角洲地区是粤语，粤东地区主要是闽语和客语，粤东的闽语跟福建的闽语是一个系统。詹伯慧家在潮州，潮州话是闽语的一支。潮州的饶平县在与福建交界的地方。现在的潮州市、汕头市都是讲潮州话的，就是闽语；但是饶平另外有四分之一的地方在北边山区，靠近讲客家话的梅州地区，所以那个地方是说客家话的。新丰就是闽语和客语交界的地方，说的是饶平客家话。

抗战时，詹伯慧跟着外公外婆在老家饶平读小学，那个地方是客家地区，小朋友说的都是客家话。尽管父亲是客家人，但此前詹伯慧在潮州时是不大说客家话的，孩提时期基本上说的是潮州话，说闽语。现在客家话和潮州话都是他的母语了。

詹伯慧的五年级、六年级都是在坪石的汉德小学里念的。汉德小学里的老师上课使用的是广州话，也就是粤语。这样一来，小学毕业时詹伯慧的粤语也相当可以了。当时中大有很多说粤语的教授（如岑麒祥先生），来往时常常可以听到人们讲粤语。自从在坪石读小学之后，詹伯慧日常生活中就开始用三种方言进行交际：潮州话、客家话和广州话，而且都达到纯正母语水平。高中和大学同学都曾对他遇见潮州同学说潮州话，碰上客家同学说客家话，遇见讲粤语方言的同学说广州话，遇着外省同学说普通话这样的语言才能十分羡慕，原因就在这。

加上詹伯慧长期接触当时语言学界的泰斗级人物和专家，其间可能还有一些小叛逆成分，最终选择语言学也就不意外了。更何况，某种意义上，他就是为了方言而生的。因为三种方言均为母语的人，实在是太少见了。

1949年9月，中山大学把各个系录取的名单张贴了出来。詹伯慧以语言学系第一名的成绩被录取。10月14日广州解放，当时学生们还没入学，担心共产党不承认中大的录取结果。詹伯慧的同学唐作藩、饶秉才，1948年就已在中山大学读了一年，也担心解放后不被承认，解放时就都回家去了。11月份中山大学要开学了，新招的学生要来报到，以前的学生也都接到通知回来注册报到。这样一来，本来两级的学生就合成一级了。他们这一届是在新中国成立后入读的，可说是新中国第一届大学生。

当时，中大语言学系开的课程跟现在的中文系不一样，上课的老师都是顶级专家。王力开了两门课：中国现代语法和中国语法理论。王力用《红楼梦》做例子讲解中国现代语法，语法理论则用西方的。中国语文概论课，讲的是音韵训诂这类基本东西，由严学宭先生教。还有少数民族语言调查研究，由高华年先生教，他当年也是西南联大的，和罗常培等先生一样都是早年搞少数民族语言研究的。还有一门汉语方言，由张为纲先生教。商承祚先生教的是文字学。还有一门课当时只有詹伯慧选修，就是世界语，由岑麒祥教授教。

这届语言学系学生一入学，正赶上新文字运动，搞文字改革。詹伯慧对拼音很有兴趣，当时还没有汉语拼音方案，用的是吴玉章、瞿秋白的北方话拉丁化新文字方案。当时中大语言学系成立了一个协会，詹伯慧是积极分子，常出墙报、写稿，他的毕业论文也是以汉字改革为题写的，王力教授指导。

詹伯慧说，1953年毕业班上就只有七个人，现在中山大学校庆，他这个"老中大"没有人通知，因为现在中大中文系的人已经大都不知道曾经有过一个语言学系，只知道有中文系了。语言学系办到1954年，中央进行院系调整，为了要集中培养语言学专业的人才，1954年把中山大学语言学系合并到北大。合并后北大中文系里设立了汉语专业，是由北大、燕京、清华，加上中山大学语言学系一起组成的。

北大汉语专业的师资力量特别强，正是因为它是几个学校的力量合在一起的。当时中央一声令下，系主任王力教授就带着全系师生浩浩荡荡坐上火车北上了，唐作藩是系里唯一的助教，也跟着调入北大，此后一直跟在王力教授身边，从事汉语史、古汉语方面的教学研究工作。詹伯慧1953年毕业时被分配到武汉大学。

发现军话，一鸣惊人

1953年，詹伯慧大学毕业。当时的大学生是包分配的，去哪由国家安排，不像现在的大学生自由择业。詹伯慧被分配到武汉大学，当助教。

因为有袁家骅在搞方言的研究，1954年北大第一次开设汉语方言学课程，王力当即想到了詹伯慧。1955年王力推荐詹伯慧到北大跟袁家骅进修，跟着袁家骅听课、帮忙辅导，接着詹伯慧又跟袁家骅一起编写了50万字的《汉语方言概要》，其中南方的闽语粤语部分是詹伯慧写的，占了全书的三分之一。

袁家骅是江浙地区人，早年留学英国，20世纪50年代初才从英国回来，刚开始教英语，后来才专门研究方言和少数民族语言。当时北大的研究生很少，就是像詹伯慧这样的进修生也不多。袁家骅了解到詹伯慧是潮州人，闽南话行，粤语也行。上课讲到粤语，就叫詹伯慧起来，发粤语的音。

詹伯慧与业师袁家骅教授合影于北京（1957）

1957年夏,北大、复旦、中山、武汉四大学中文系部分教师受高教部委托在青岛编写统编中文教材的合影。前排右起:林庚、余冠英、詹安泰、游国恩、王力、赵景琛、袁家骅、王季思(蹲坐者为周祖谟之女周瑛、刘绶松之子刘东宜);第二排右起:陈霞文、萧玫、张永安、王瑶、刘绶松、周祖谟、潘兆明、唐作藩、金申熊;第三排右起:马天祥、沈玉成、黄越、苏裹中、许绍早、詹伯慧、汪金光

当时和詹伯慧一起听课的还有来自吴语区的王福堂、来自四川北方话区的石安石,他们后来都一起协助袁家骅编写《汉语方言概要》,袁家骅就是这样充分调动学生的资源,利用学生对这些方言的熟悉,在他的指导下边学边干,和他一起编写《汉语方言概要》。

詹伯慧在北大进修不到一年时间,国家有个大的语言调查工程:全国范围内调查研究少数民族语言,并为全国少数民族设立几个工作队,赴实地进行全面调查。袁家骅是壮语的专家,负责广西和海南岛的壮侗语,担任第一工作队队长。调查地区包括海南岛的黎语,他让严学宭先生和王均先生负责第一工作队的海南分队,把詹伯慧和欧阳觉亚调到海南分队。当时欧阳觉亚在民族语言所工作,本次调查工作民族学院是主体,是本次调查黎语的主将。对借调来的詹伯慧,袁家骅给了一个任务——调查黎语中的闽语借词,他认为黎语里的借词肯定不会借北方话，肯定是借当地海南闽语。而海南岛汉语方言属于闽语，跟福建潮州是一个大方言区，而詹伯慧会闽南语，刚好可以发挥出来。

后来，詹伯慧说他很庆幸有机会跟着工作队到了海南岛调查黎语，因为，就是在这次调查中，他发表了一篇惊动学术界的文章——《海南岛军话语音概述》。而这一成果是他在"任务"之外完成的，他对方言的敏感度与工作的主动性可见一斑。

当时，25岁的詹伯慧随黎语调查队路过海南的三亚市，当时叫崖县，他发现崖城镇上有两种特别的方言，跟当地的海南闽语不一样。一种叫军话，一种叫迈话。他觉得很奇怪，怎么会有军话，听起来有点像北方话。虽然这并不在调查任务内，但詹伯慧不想错过，就匆匆忙忙把随身带的一千多张卡片将这两种话的音记下来。发音上，迈话就像广东粤语，军话就像北方话。半年后回京，他把这一发现整理成文，这就是北大《语言学论丛》上发表的颇有影响力的揭示一个"方言岛"的文章——《海南岛军话语音概述》。詹伯慧是方言研究大家、著名语言学家，其研究道路就是从这篇文章开始的。

回到北京后，詹伯慧继续帮袁家骅编写《汉语方言概要》。他在北大从1955年秋一直呆到了1958年春，整整两年半。詹伯慧说在北大进修的两年半是他语言学基础全面夯实的时期。有听课，有实践。在北大，听周祖谟先生、王力先生、魏建功先生、岑麒祥先生、高名凯先生、袁家骅先生、林焘先生等人的课。现在看来，当时这些课都是语言学科具有开创性的课程。

1955年10月，在北京动物园斜对面的北京西苑大旅社，连续开了三个语言学界的重要会议：先是全国文字改革会议，接下来是现代汉语规范问题学术会议，最后是民族语文工作会议。王力就安排语言系的学生去旁听，于是包括詹伯慧在内的几位学生就有机会听到郭沫

詹伯慧在吕叔湘教授家中（1990）

若、陈毅、吴玉章、王力、罗常培、吕叔湘、丁声树等党政领导和学界名家在会上做的报告。对此，詹伯慧现在想起来还感到很幸福。

　　这些经历对年轻人来说都是打基础，国家语言政策的制定，国家几十年来重大的语文举措，也就都有了了解。在1955年的系列会议以后，就有了汉语拼音方案，有了汉字简化字方案，有了规范化的政策。詹伯慧说，在北大这两年多进修是他打下业务基础的重要阶段。此后，无论是搞方言还是搞少数民族语言的研究，或是从事语言学理论、语言学应用的工作，都有了一点"小本钱"。

父子同编高等教材

1957年夏,北大、复旦、中大、武大四所大学中文系部分教师受高教部委托在青岛编写统编中文教材。

语言方面由王力主持,文学则由游国恩主持。每个教授都带一个助手,袁家骅带了詹伯慧当他的助手,协助他主编《汉语方言概要》。詹安泰也应邀带着助手来青岛,负责中国古代文学史中的上古到唐部分。父子俩同在一个教材会相处了足足一个月,这在詹伯慧脑海里留下了深刻而美好的记忆。编写的教材后来都成为不断再版的名著。詹安泰父子同时参与其盛,应当说同堂翰林,放在旧时代,是要立牌坊的。参加编写的人员有一张合影,不光詹伯慧的有关书籍屡屡采用,就是北大中文系的许多回忆录中也多次看到。可见,这是大家都引以为荣的。

会后,詹安泰在长子的陪同下,南下上海南京,拜访了陈中凡、胡小石、唐圭璋、刘大杰等教授。而詹安泰一回到中大,等待他的是那铺天盖地的大字报。那一次的教材编写,原计划还有武汉大学的程千帆,但因为开会之前武汉大学已把"右派"程千帆揪出来了,他就不能参加这次会议了。

其实,新中国高等学府使用的教材,着实有几本是詹氏父子编写的。

詹安泰是新中国成立后最早编撰高等学校古代文学史教材的学者之一。从1953年春开始，他主编了《中国文学史》（先秦两汉部分）。此书共十一章，除一部分章节由容庚、吴重翰两位教授执笔外，大部分由詹先生编写完成。书成后高等教育部于1954年8月把第一至第五章印成《中国文学史》（第一卷），1956年3月又将第六至第十一章印成《中国文学史》（第二卷），作为全国高校内部交流讲义。1957年8月，高等教育出版社将前后两卷合并一册公开出版发行。这是新中国成立后第一部由高等教育部审定出版的中国文学史教材，在高等学校《中国文学史》教材建设史上具有重要的意义。这部文学史的显著特点是强调劳动创造文学，强调民间创作促进了秦汉时代文学的发展，注意劳动人民在历史上包括在文学发展上的作用。正因为詹先生具有十分深厚的文学功底，在掌握大量史料，透彻地理解作品的基础上，能以正确的观点来分析先秦两汉的文学现象。因而这部文学史一直受到学术界的重视，半个世纪后的今天，仍有相当的参考价值。

詹伯慧则在编写《汉语方言概要》的过程中，还写了一本"小书"，叫《现代汉语方言》。这本书虽然字数较少，实际上也是为方言基础知识的普及和应用而写的，在缺乏方言学教材之际，曾有过一

詹伯慧在烟台出席《中国大百科全书·语言文字卷》会议
与吕叔湘、季羡林等教授合影（1985）

詹伯慧在新加坡出席汉学研究之回顾与前瞻国际会议上（1991）

些学校拿它作为教材用，包括台湾的高校。这本小册子后来台湾还出了繁体字本，早在1980年詹伯慧把它作为讲稿在东京大学讲学时，日本学者就边听课边翻译，等到课讲完，讲稿也同时翻译出来了。因此这本《现代汉语方言》的国内简体字版和东京日文版几乎同时在1982年出版。

后来随着方言调查研究的逐步深入，方言语料材料越来越多，方言研究越来越受到重视了，在这种形势下，20世纪90年代，詹伯慧着手组织力量编写《汉语方言及方言调查》。现在全国通用教材中，方言方面用得最多的就是这本教材。国外用的也是这本教材。这是詹伯慧跟几位老一辈的、志同道合的方言学同道黄家教、许宝华、李如龙合作的成果，由他牵头。

此外，1958年詹伯慧从北京回武汉后，武汉大学安排他搞方言研究。1959年，每省要编一个方言概况来向国庆十周年献礼，湖北省的当然就由詹伯慧来牵头了。这个活动在各大学里轰轰烈烈地开展，是由大学语文系科的师生来参与方言的普查工作。普查后编写方言地区学习普通话手册，然后是总结各省方言普查的成果，编写各省的方言概况。湖北的方言概况是由武汉的几所大学——武汉大学、华中师大、武汉师院等调了三四个人来组织编写的。最后由詹伯慧主持在省里的一个招待所里日夜苦干，赶在国庆节前编出来的。编出来后他们自己油印，这个油印本一直到现在还在一些大学里作为湖北方言的参考资料使用。

语言应用是詹伯慧除方言工作外，最为重视的另一领域。编写教科书就属于语言应用的范围。从《汉语方言概要》到《现代汉语方言》到《汉语方言及方言调查》，应该说，对汉语方言学人才的培养、对方言知识的普及和应用，都起了一定作用。他认为，要推动一个学科的发展，一定要普及这个学科的知识，一定要使这个学科能不断涌现新人。要培养人，要开设课程，没有合适的教材怎么行？所以，从培养人才来说，汉语方言教材的编撰就成为他从事汉语方言研究工作中经常关注的问题。

父子同为"运动员"

父子同堂编写新中国的高等教育的教材,这在学界一直被传为佳话。而在历次政治运动中,父子同为"运动员"则只能让人无语了,而这种现象当时还不是个别情况。

历次政治运动,詹安泰都有份,于是詹伯慧成了"黑五类",又因为他自己一直被认为是走白专道路的典型,"只专不红"。"文革"开始后的"拔白旗,树红旗"运动中,他自然就被"拔了白旗",做了典型。加上家里又有海外关系,情况就更严重了。他被"拔白旗"是在1953年大学毕业到武大当助教时开始的。

"文革"一开始,批詹伯慧的大字报就来了。这时候,白专道路已不在关注点上,已经是"牛鬼蛇神"啦!抄家也是不可避免的。詹伯慧说,武汉大学这个学校,什么时候都是典型。"文革"时出尽了风头,揪出来李达"三家村"等三人,中文系一个系居然能揪出来二三十个"牛鬼蛇神"。詹伯慧既无反动言论,也无反动文章,更非"右派",职称只是讲师,也还不够"反动权威"的资格,却被抄了家,积攒多年的十多本集邮册也被抄去,从此不知下落,还被列为"重犯",押送往武昌县的东升公社劳动改造。

那时他们这些"牛鬼蛇神"都被关在学生宿舍里。不是劳动就是批斗,再就是写不完的检讨。詹伯慧是这个"牛鬼蛇神"队伍里最年轻的一位，受的罪也最多。劳动时的粗活脏活，年纪大一点的人干不了，就推给年青的干。他们每个礼拜六可以回家，礼拜天一定得回学生宿舍报到。到了过年过节，"牛鬼蛇神"还会被转移到乡下县城的仓库里，因为怕他们闹事。看管他们的红卫兵，一个口袋里装着武汉大学中文系的公章，一个口袋里装着武汉大学中文系党总支的公章，任何教师、学生要到哪里去，都要找他请假盖章。

"搞现代文学史的刘绶松教授，被说成是地主，有血债，他老婆在教务处，又被揭发是三青团骨干。七斗八斗，刘绶松想不通又胆子小，觉得没有出路，趁着周末红卫兵放他回家，就在家里和老婆双双上吊。第二天应该是两个人各自回劳改队的时间，却怎么也不见回来。后来才发现夫妻俩双双自尽在家里。丢下孩子，多么可怜！那个时代里听人家说这种悲剧不少，这件事是我亲身经历的。"詹伯慧回忆道。

那个年代的批斗会也让人大开眼界。有一次，大家在斗詹伯慧时，突然有一个系里的教师在下面说："詹伯慧，把你的手表拿出来！"刚好这天他老婆的手表坏了，就把手表拿给老婆用了，自然就拿不出来。"你看，不敢拿出来吧，藏到哪里去了？"马上，工宣队代表站起来，吼道："手表拿出来！"那位教师接着说："他的表是发报机，国民党的飞机在解放后不久炸白云机场，就是他发报的。"工宣队一听，那还得了，又怕他通知老婆把表藏起来，马上就押着他到老婆工作的武钢医院，把手表取回来检查。过了几天，手表还回来了，事件就这样不了了之。詹伯慧说，他当时也不敢问是不是发报发不出去。

"文革"前的困难时期经常有海外的亲戚朋友寄些东西来补贴家用，那块表是一位在泰国的亲戚寄过来的，没想却引发这样一场发报机事件。那块手表到现在还在走。1990年詹伯慧到泰国去开汉藏语言学会会议，找到当年寄表的亲戚，住到他家里，说起了这件事，大家又好笑又好气。

手表成发报机事件中,詹伯慧心里最可惜的是父亲留下来的一幅墨宝给毁了。那是父亲写给夏承焘的一首词,挂在家里,他老婆因为害怕,没来得及收起来就自己撕掉了。现在找父亲的字已很难找到,因为他去世得早,没留下多少墨宝。

最深刻的影响往往是润物细无声的。比如,不重政治重业务的思想。

詹伯慧的专业能力一直是不错的,早在中山大学读大学时,他就已经在《中国语文》上发表了语言学的文章。到武汉大学当助教不久,就被恩师王力教授举荐到北京大学进修,师从著名的语言学家袁家骅教授,但他一次也没想过谋个官职。

"这既因为父亲,也因为我自己,还有从祖父开始的影响。祖父一生悬壶济世,重文,建议父亲不要去当时的陪都重庆当一官半职而是去中大教书,他的这种思想对我们影响很大。我们不太重视政治,而是重业务。"詹伯慧说。

他还说,"反右"前父亲参加了民主党派,成为当时中大中文系五大民盟委员之一,还当上了广东省政协委员。在1957年的"大鸣大放"中,他在省政协和民盟的会议上,本着参政议政的态度对党的知

詹伯慧作为全国政协委员列席第八届全国人民代表大会第一次会议(1993)

詹伯慧与作家秦牧一起出席第七届全国人民代表大会（1989）

识分子的政策提出了自己的看法，不久便被戴上了"右派"的帽子。

多年以后，詹伯慧也以民盟委员的身份参加了省政协，母亲对此颇有意见，说你父亲如果当年不去省政协会上发言就什么事都没有，为什么你现在还要当政协委员？他则耐心地解释，告诉她时代不同了，父亲的悲剧不可能重演了。

困苦中，父子俩一样，都不放弃学术研究。

詹伯慧说家里对他的影响主要是言传身教方面的。运动中，被下放劳动的詹氏父子俩表现出的韧性是惊人的一样。詹安泰边劳动边构思和思索《离骚笺疏》一书的内容。詹伯慧则是边劳动边收集《现代汉语方言》一书的活素材。

20世纪60年代末，武汉大学响应毛主席的号召，把文科院系搬到襄樊（现在的襄阳），在农村搞分校，100多个老师都下放了。分校为教师的孩子们办了一所小学，詹伯慧在小学里教英文。一堂英文课就

詹伯慧与出席全国人大、全国政协两会语言学界的朋友合照于人民大会堂（左起：林茂灿、许嘉璐、张永言、邢福义、王均、詹伯慧、刘焕辉）（1993）

教一句话：Long life chairman Mao(毛主席万岁)，他把全校的100多个学生的英语课都"包"了。

詹伯慧说，教小学生英语算是兼职，当泥瓦匠才是他的正职。他和陆耀东（武汉大学中文系教授，博士生导师）盖房子，也没有人教，完全靠自己的摸索。冬天很冷的时候，他们穿着单裤跳到泥浆里用脚和泥，血顺着腿上一道道冻裂的伤口流出来，混合在冰凉的泥浆中……詹伯慧叹息："我真有过万念俱灰的时候啊！倒不在乎体力劳动的磨炼，人生最大的痛苦莫过于不被当人看待，当然更谈不上能从事自己热爱的事业了。"

当时大家都只能接受命运的安排。外文系有个教授一到襄樊，马上就买了一套理发的工具，他以为从此再也不会回学校，要赶紧学一门手艺。但詹伯慧内心的追求始终没有停息，他仍时常一边劳动一边思考语言学的问题，默默构思腹稿，晚上，在昏黄的灯光下偷偷地记下白天思索的心得。谁也想不到，在那"知识无用论"盛行的年代，这个所谓的"白专分子"正在心中酝酿他的《现代汉语方言》一书。

用他自己的话讲就是，在那漫长的"改造"岁月里，他一不会抽烟解闷，二不会喝酒消愁，唯一的乐趣就是留意人民群众说的各种方言土语，有时学上几句还挺风趣的。他相信：方言扎根于人民之中，方言学绝不会无用的。在这方面，他确实酷似其父，他父亲是一位正直而有骨气的老知识分子，一生别无所求，始终执着于学问，在任何情形下对自己的事业都矢志不渝。

詹伯慧说，不能服侍病重的父亲至今令他感到难受。

1967年春节，家里来信告知詹伯慧，父亲病重。他向红卫兵请假，回到广州。那时候詹安泰的身体已经不太好，在做电疗。詹伯慧说，那年的春节，家里气氛沉重，大家都不敢多想未来。父亲也知道自己的时间不多了。

詹伯慧在家里只呆了一个多星期，便回到"牛棚"继续改造。1967年4月初，他接到了父亲病危的通知。此时肿瘤医院已经不肯接收詹安泰，家人只能在中大护养院找了一个小房间。詹安泰住进去，没几天就不行了。4月5日詹伯慧赶回广州，第二天早上詹安泰去世。中大只有几个老熟人来送行。

父亲去世后，家里除了詹伯慧，就没人赚钱了。那时候他一个月的工资60多元钱，每个月的钱都分成三份，一份自己用，一份给在武汉水利学院读书的二弟仲昌，一份寄回广州给妈妈。詹安泰一生清贫，没有什么财产，所以才有了前面写的卖书事件。

好的老师都是一样的

语言学家：詹伯慧

　　好老师的标准是什么？一千个人可能有一千个答案。

　　不过，列夫·托尔斯泰亦曾说过：幸福的家庭都是相似的，不幸的家庭各有各的不幸。这同样适用于老师，好的老师都是一样的，不好的老师各有各的不好。

　　现在就来看看这"一样"是哪一样。

　　2016年，詹伯慧85岁，从教63年，退下来后他仍坚持上课和著书立说，仍旧带领学生搞科研。他和父亲一样，一生都在教坛上耕耘，均为好老师，都有让学生爱上自己所教专业的本事。本来对古典文学无感的学生，上了詹老师的课后，能爱上古典文学甚至终生以古典文学为事业方向。对方言无感的学生，上了詹老师的课后，改变了对方言枯燥无味的看法，不但有人选修，连学年论文和毕业论文都有人选了方言。

　　20世纪50年代末，武汉大学中文系教室，上课铃刚响过，一位年轻的教师走上讲台，向入学新生讲授"现代汉语"。他略带笑意，用标准的普通话和多样的手

詹伯慧教授

势,将枯燥的课文内容讲解得条理分明、有声有色。这是学生许武扬记得的第一次上詹伯慧课时的情景。

郑伟聪说,大家都说学方言很枯燥,不像学文学,人物、景物、对话、心理等丰富多彩。然而,经过中外文学史、现代汉语、古代汉语、古代诗词欣赏等基础课的学习后,他对方言学科却产生了兴趣。上大三时,居然将方言学科列入选修课内,并作为自己的学年论文和毕业论文的选项。作了这样的选择,是因为他记住了詹老师上课时的一段话:"方言是历史的化石,记录了国家和民族的历史;研究方言可以了解到社会、经济、文化和地方历史的发展,意义深远。'军话'的发现就是最好的说明,见证了我国秦代国土的辽阔和强大。"

朱炳玉和詹伯慧的师生情是从20世纪60年代初在武大开始的。武大是五年制学校,大四、大五只上专题选修课。1961年,他上大四的时候选了三门专题选修课,即李格非先生的"中国的字书"、沈祖棻先生的"唐人七绝"以及詹伯慧老师的"汉语方言调查及研究"。20世纪60年代初是所谓的困难时期,教学设备很落后。詹伯慧的专题课在一个腾出来的小办公室上,教室里摆放着12张听课椅,有一块用木制三脚架支撑起来的木头黑板,还有一张半米多高的小课桌当讲台。至于电教设备,在当时是没有的。

詹伯慧就是在这样的条件下上课的。讲完概论,进行语音训练(学习国际音标)时,他完全靠口耳传授。为了让学生能看清他的发音口型,时而走到学生面前来示范,时而在讲台前尽力探出身子面向学生示范;为了使身体前倾,有时不得不把一条腿搁在低矮的讲台上。这样两节语音训练课下来,辛苦程度可想而知。"詹先生讲课不是那种激越高亢的风格,而是语速徐缓,音调不高,娓娓道来,让学生跟着他的思路,一步步把学生领进知识的殿堂,从而引领学生走上方言研究之路。"朱炳玉说。

85岁的詹伯慧骑自行车上班

能挺过"文革",且边劳动边为要写的书收集材料,个中原因,除了那股韧性,还有可圈可点的乐观精神。

许武扬回忆道,1960年底,学校动员各系师生到孝感修筑汉丹铁路。经过长途跋涉,中文系师生来到指定的地段安营扎寨。工地上,到处呈现着热闹非凡的景象。詹老师和学生一起,冒着严寒,肩挑粪筐,到附近的取土区挑土铺路基,一担接一担,干得风风火火,从未叫过一声苦和累。休息时,他与大家促膝畅谈,有说有笑。有一天收工后,他和黄永强等几人,到靠近云梦湖的长江埠的一家小餐馆,凑钱买了一条大红烧鱼,蹲在条凳上,美美地吃了一餐"小灶"。

"资产阶级孝子贤孙,专门毒害学生"是詹伯慧进"牛棚"的最重要罪名。那时,詹伯慧刚到武汉大学不久,因为和学生许武扬、黄永强同为潮州人,就常邀他们到宿舍聊天,听音乐。他住在绿树环抱的湖边三舍,室内陈设简单,较有"现代感"的是一部造型一般的收音机和一部带大喇叭的留声机。他移动留声机的唱头,给同乡学生播放潮乐《寒鸦戏水》《平沙落雁》和潮剧《荔枝换绛桃》等唱片。他还从广东购来了潮乐乐器,有时兴之所至,就和大家奏起潮州"弦诗"(弦诗是潮州地区的一种音乐类型)来,有拉有唱,其乐融融。

一曲终了,欢声笑语飞出窗外。这就是詹伯慧家是"裴多菲俱乐部"的由来了。

"文革"期间,詹伯慧亦有万念俱灰之时,不过他很快自己调整了过来,不把悲观情绪带来别人。许武扬说:有一天,詹老师突然出现在我眼前,他脸庞黑瘦,头戴旧的鸭舌帽,身穿褪色的中山装,脚着发白的解放鞋。他的外表变了,只是那乐观的情绪没有变。他笑吟吟地说:"阿许,好久不见了!"说完,塞给我一包从武大襄阳分校广德寺白果树下捡来的白果,并告诉我如何制作白果才爽口好吃。哎呀,此时我哪有心思去关心这些,急忙问他是不是"解放"了,他说是有要事请假回来。

詹伯慧治学严谨认真,平时则风趣幽默,极为随和。

弟子甘甲才刚开始看到师兄跟詹伯慧老师开玩笑,很没大没小的样子,很不理解,这都行?比如,有时老师叫师兄去买个盒饭,师兄竟毫不客气地向老师要钱。后来跟詹老师熟了,才知道他就是那么随和地对待弟子。有一次谈到师生关系的问题时,詹老师对大家说:"我要我的学生亲近我,而不要他们怕我。"詹老师经常会跟学生们开开玩笑,比如有时候打电话来,明明听出来是谁的声音,他还会装出很正经的样子说:"请问是甘甲才先生吗?"这样的幽默,无怪乎学生们说,与詹老师在一起,总是感到很开心。

开玩笑归开玩笑,詹老师对弟子的友情绝对是真诚的,从来不在弟子面前摆导师的架子。纪念他父亲的《詹安泰词学论集》出版,詹老师送给甘甲才一本。他打开扉页一看,上面的一行字吓了他一跳,詹老师写道:"甲才贤弟惠存,伯慧。"甘甲才说,自己就是吃了豹子胆也不敢与詹老师称兄道弟的啊。詹老师这样写不可能是闹着玩的,因为这是一本纪念他父亲的书,他于人于事都是非常严谨的。又过一阵子,甘甲才发现,詹老师对弟子的这种"平等""友善"竟是有"师传"的。在詹老师珍藏的一批旧物中,王力先生写给詹老师的一封信,抬头亦称"伯慧贤弟"。

作为一位语言学家,詹伯慧本身的语言就是极为生动有趣、机智幽默的,在平日的言谈之中,时常可见其语言智慧火花的闪烁。他走路的时候,经常会微微向左边倾斜,他就打趣自己是"左倾"。他的一只眼睛已经完全没有什么视力,给读书和写作带来极大的困难,可他却笔耕不辍,著述不止,还幽默地说自己这是"一目了然"。实际上,这种语言的智慧,岂止是专业素养、学术功力的生活化表现,又何尝不是他的人生智慧、人生态度的精妙传达。

华南师范大学教授左鹏军说,炎热的夏天里,先生在家中忙碌工作的情景特别令他难忘。先生家住顶层楼,在夏季广州的烈日长时间照射下,到了下午,屋子里的温度总是特别高,直到傍晚时分,那种热气也难以散去,大有在蒸笼中一般的感觉。在这样的条件下,先生总是在并不宽敞的客厅兼书房里,在没有空调的情况下坚持工作。先生经常穿着一件已经明显变旧并且有些变形的长长的白色背心,一条深灰色的短裤,脚上则穿着一双明显大许多的旧式拖鞋,在电脑和书架之间往返,脚步灵活而且轻快,涔涔汗水则经常湿透了先生的背心,先生背心的前后全是湿漉漉的一片,可是先生的行动却特别轻盈灵活,仿佛这并不是一位已经年届八旬的老者。

治学续家风

文质两炳焕

詹安泰家族

曾经，只有《新华字典》一本字典

你们知道吗，新中国成立一直到20世纪70年代，都没有很好抓辞书的建设，新编的汉语字典最常见的只有一本《新华字典》。这一现象引起周恩来总理的注意。于是便有了《汉语大字典》等大型辞书的产生——改变国家大字典小的局面。现在，让我们先回到1974年，看下当时詹伯慧的情况。

1974年，全国各地掀起了一场"批林批孔"的运动，把批林彪和批孔老夫子联系起来。中央下发的文件上就有了一些孔老夫子的话，文件下达了，举国上下要学习领会精神。可一看文件，傻眼了，不少人看不懂呀，这时就想到了一些已被定位为"牛鬼蛇神"的知识分子。詹伯慧就是这个时候被派到由武汉开往上海的船上的，呆了一个月时间，辅导船员学习中央文件。被批斗者辅导批斗者学习，也算当时一大特色。

1975年，学校在全国各地招收工农兵学员，学校要上课了。此时，广州开了一个全国性的、规划字（词）典编纂工作的会议，会议规格非常高，会上传达了周总理关于辞书建设的重要指示。周总理说，外宾来，人家要看我们的辞典。辞典是一个国家文化建设、文化成就的表现。法国、英国的大辞典，牛津大辞典，这些都是文化文明成就的体现。哪怕是很小的国家都有大百科全书。汉语言文字历史悠久，中华文化如此丰富，可每次外宾要看字典，我们就拿《新华字典》给人家看，怎么说得过去。

有着数千年文化传承的泱泱大国，竟然只有一本《新华字典》拿给外宾看，也够没面子的了。虽然实在不大明白为啥外宾偏要看我们的辞典。可一个老外来了说要看辞典，下一个来了又提出要看辞典，说明文化的重要性。再加上中国一向有盛世修典的传统，大型字典辞典的编著工作就势在必行。

根据周恩来总理的指示，那次会议后，全国要编一百多种辞书，包括外语，也包括小语种的（各学科的）工具书。要一举改变国家大字典小的局面。其中有两部"大家伙"，一部是《汉语大词典》，由华东各省来编，一本是《汉语大字典》，由湖北、四川两省来编。

当时詹伯慧在武汉大学语言教研室。他做梦也没有想到，一纸调令，让他参加了《汉语大字典》的编撰工作。接到调令后，詹伯慧就脱离教学，一股脑儿栽进《汉语大字典》的编纂中去。参加筹备工作，准备《汉语大字典》的编写方案，正式上马后，他负责收字、审音，当收字审音组的组长。因为是两省合作，所以他经常跑四川。四川那边由四川大学牵头，湖北这边是武汉大学、华中师范大学等几所高校参与编纂，由武汉大学牵头。

开始收字时，詹伯慧要跑全国所有的字模厂。《汉字大字典》收字最多，有6万左右。收字后，还要找字模厂做字模，因为全国没有哪个字模厂有那么全的字模。那时是铅字印刷，不像现在用电脑排版。全国只有三个字模厂，分别在上海、丹江口和北京，他都去了。那时詹伯慧不到50岁，只要有活干，浑身是劲。参加《汉字大字典》的编纂一晃就是5年，一直到1980年他应邀前往日本讲学，才不得不暂时停止这一参与，1982年他回到武汉大学，等待他的仍然是《汉语大字典》的编纂工作。

1986年3月9日，《汉语大字典》由川、鄂两省三百多位专家、学者历经十年编纂完成,首版八卷本于1990年出齐。全书共8卷,收列单字约5.6万个,总字数2030万字,凡古今文献、图书资料中出现的汉字,几乎都可以从中查出,是当时世界上规模最大、收集汉字单字最多、释义最全的一部汉语字典,是以解释汉字的形、音、义为目的的大型汉语专用工具书。

回顾之前种种,詹伯慧说,自己最好的年华是在武大度过的30年,在那30年中,不管是"正面"教员,还是"反面"教员,他都当了。他被卷进政治运动,是个老"运动员"。"文革"时,是他最好的年龄段,而那时却进了"牛棚"。詹伯慧说,"文革"的功过不由我们来评说,对于千千万万个经历过那段时间的家庭来说,都有各自不同的遭遇。这是一场悲剧,现在国家迎来了太平盛世,从抓阶级斗争到抓经济建设、现代化建设,到以人为本,到建立法治社会、和谐社会,这个过程值得我们反思,值得我们总结。

詹伯慧在第三届中国语言学会学术年会上与相声大师侯宝林(左三)及同仁合影(1985,昆明)

詹伯慧与新加坡学者梁荣基、周海清、卢绍昌合影(1988)

方言界有支詹家军

1983年10月，詹伯慧从武汉大学调到暨大任教。本来就忙碌的他更忙了。他在给许武扬的一次来信中感叹道：

> 我忙忙碌碌，一些从来做梦也没想到要过问的也都找上门来了，我的许多宝贵时间就这样给花费掉，开会多、杂务多、麻烦多，这是我的几多……我当抓紧时机，回到我的书本堆上来……没有足够的时间可以做学问，是最伤心的事。

他最想做的是学术研究，但又不可能把全部时间都拿来做自己的研究，有很多需要他发声的地方。当时，他在校内外身兼几十个职务，

詹伯慧与海外著名学者丁邦新、余霭芹、张洪年、张敏、孙景涛合影于香港科技大学（2003）

詹伯慧教授2010年出席第二届海外汉语方言国际研讨会

詹伯慧教授在赣方言研讨会上发言（2009）

除完成繁重的教学和科研任务外，还要应付大量的学术、社会活动，又要经常出国讲学，一年之中，花在这方面的时间少说也有三分之一。

从20世纪50年代开始，他的眼睛便患有结核性巩膜炎，动了几次手术，后来发展成继发性青光眼，给他带来了极大的痛苦。1995年，眼疾趋向严重：布满红丝且有点混浊。右眼视力只有0.2，后来就完全没有视力了。左眼视力稍微好些，不戴眼镜就什么也看不见。眼疾一发作，头昏脑胀，难受得很。而他的许多学术著作就是在这种情况下咬着牙完成的。

时不待我啊，詹伯慧跨入50岁后就特别有这种紧迫感，这种紧迫感推着他在学术上创下一个又一个高峰。对他来说，时间就是生命，就是成果。

暨南大学一复办，就实行大学院的架构，把全校各系归到文学院、经济学院、理工学院、医学院等四大学院。那时的文学院，文、史、外语、新闻等都在里头，还有对外汉语系和对内汉语系（给全校各学院开设汉语课），再外加一个社会科学部（专为各院系开设社会科学理论课的）。理工学院就涵盖数理化及生物方面的理工类系科。考虑到港澳生毕业后回去的就业问题，学校一开始就办了个经济学院，新办一个医学院。

那时候明确规定，这四大学院的院长相当于副校长，院长要由60岁以下有学术威望的教授担任。学校党委书记就来做詹伯慧的工作，让他做文学院院长，他说在武汉大学30年连教研室主任都没当过，不会搞行政。暨大领导说，你不当，你给我们推荐一个60岁以下的正教授。詹伯慧没有办法，推不掉。学校把院主要领导和院办人员都配好了，说你们再去物色两个副院长，办公室主任。就这样七说八说地就让詹伯慧做了院长。

四年后换届要竞选，要述职。詹伯慧说自己放弃竞选，不当了。结果要竞选的那位副院长就自动当选为下一任的文学院院长。"我从武大经过许多波折才终于调入暨大，没想到来到暨大后却阴差阳错地当了首任文学院院长。"他说。

南归后的他，在教学和科研两方面都进入"井喷"阶段。先后到中国香港、澳门、台湾等地和新加坡、法国、美国等国家讲学，迄今已出版了40余部著作，发表了400多篇文章。其巨大的成就令人瞩目，其旺盛的精力也令人诧异。他主持的粤方言研究的学术活动，更是办得风生水起，有声有色。由粤、港、澳（后来加入广西）轮流做东的

庆祝詹伯慧教授（前排右起第七位）从教55周年大会全体人员合影（2008）

国际粤方言研讨会已经举办了二十届，论文集出版了十多种。如今粤方言研究声势之壮，人数之多，成果之富，涉面之广，研究程度之深之细，是全国其他任何一种方言的研究都望尘莫及的。作为广东省中国语言学会会长，詹伯慧功不可没。而为暨大创建汉语方言的硕士点和博士点，培养了数十名汉语方言学的博士，则是他教学生涯的巨大成就。

1990年，国务院学位办通过了詹伯慧在暨大建立博士点的申请，这也是暨大中文系第一个博士点，他是博导。

博导有"地方粮票"和"国家粮票"之分，詹伯慧笑称自己这个博导是"全国粮票"，就是能全国通用，像"文革"时的粮票一样。那时候国务院学位办通过一个博士点的同时，还要指名通过哪一个人当博导，指定他带什么专业什么学科的博士生。1994年以后，国务院学位办就只批博士点，不批博导了。各个获得了博士点的学校自己根据国务院学位办的条件评聘博导。这就被戏称为与"全国粮票"不同的"地方粮票"了。国务院学位办评的博导一般可以工作到70岁。詹伯慧就一直带博士生到70多岁才退休。前后带了29个博士，2005年最后三位博士生毕业，他才完全退休了。

退休时的詹伯慧已经是74岁高龄，一般人会颐养天年了，但他没有将退休作为人生事业的休止符，而是又进入人生另一个新的开端、新的境界。退下来后，他更开心了，开心于摆脱了一些杂务的羁绊，能更加专心致志于自己喜爱的工作。他每日仍不敢有丝毫懈怠，埋首于电脑旁，为方言乃至汉语事业笔耕不辍，且每每劳作至深夜。近年他又以年过八旬的高龄接受学校返聘，他作为首席专家主持国家社科基金重大项目"汉语方言学大型辞书编纂的理论研究及数字化建设"，目前的主要任务是主编一部《汉语方言学大词典》。这是我国有史以来最大的方言学词典，上下两卷约400万字，全国许多知名的方言学家都被组织到编委会中来。一些老一辈的方言学者也应邀担任顾问。在

詹伯慧与第一届硕士生（1987年毕业）合影　　詹伯慧与第一届博士生（1994年毕业）合影

方言学家们同心协作的努力下，这部大词典有望在2017年出版。

香港大学中文系和文学院知道他退休后，就长期聘他当名誉教授，请他给研究生上专题课。所以，一直到现在（2016年），每一学年他都给港大的研究生上一些专题课。开始几年，他开一门专题课，香港的大学每一门课都是上一个学期（15周），不会像内地大学那样，有些课如文学史、现代汉语、古代汉语等一上就是一年至两年。他在港大开过多次"现代汉语专题研究"课，一个题目接一个题目地讲，每个题目可以讲一堂课，也可以讲两三堂课，反正讲够十五堂课，一门课就结束了。刚开始上的时候，他还不到80岁，后来慢慢地年纪大了，港大那边对他说，您自己考虑，如果觉得累了，几时不上

詹伯慧出席暨南大学"语言学科建设高级专家座谈会"

了告诉我们就行。现在他还是每学年讲五次"中国语言与中国文化"的专题。

不知从什么时候起，可能是1994年，有一个名字开始在中国方言界响起，这就是——詹家军。这是当今语言学界对詹伯慧培养出的汉语方言研究团队的戏称，也是对詹老师从教六十余载所培养出来的人才队伍的肯定。他培养了博士研究生29人，硕士研究生9人，其中包括来自港、澳、台的博士生5人，硕士生2人。1994年我国首批5名专攻汉语方言学的博士研究生毕业，获授博士学位，其中出自他门下的就占了4位。

父为古典文学泰斗，子是方言界泰斗，双峰雄峙。那在选择语言学之初，是否有压力呢？詹伯慧说："以前哪讲什么成就不成就的，没考虑那么远。我喜欢语言学，就想好好做点成绩出来。现在人衣食不愁，有空谈理想抱负等东西，以前很少谈这些。我父亲有两句很有名的话：'放开肚量吃饭，立定脚跟做人。'做人要立定脚跟，走正路就行。没要求非要做出什么，达到什么高度。父亲对我们影响最大的是，他一直坚持走学术这条路，在人生的三岔路口，也没有从政。我的一些爱好如集邮，对地理和旅游很感兴趣，则多少受到专攻历史的三叔力泰的影响。"

詹伯慧85寿诞与学生合影

现在，詹伯慧培养的门生早已成为汉语方言学界的骨干力量。他所带出的学生，专业过硬只是一方面，更为重要的是品质素养亦非常高。这支队伍崇尚治学严谨，做学问不

詹伯慧与夫人在巴黎

詹伯慧在桂林漓江（2009）

詹伯慧与家人游荷兰（2012）

詹伯慧游北京

詹伯慧游俄罗斯圣彼得堡（2013）

怕艰辛，学风踏实不伪善。看着这些字眼，或许会觉得眼熟，是的，因为，这也正是詹伯慧个人体现出来的品质。詹家军，可不只是叫法上有个"詹"字，更在风格上延续了乃师风范。现在，他培养的学生大多数都已经过了不惑之年，也都开始了自己的研究和教书育人的事业，总是自觉不自觉地践行老师示范给他们的东西。这股清新的田野之风，因有着精神的内涵，将影响更多的人。

《东瀛杂记》见传承,文士笔墨显情怀

1980年,受教育部的推荐,詹伯慧作为"文革"后第一位到日本长期讲学的专家,受聘为国立东京大学(以下简称东大)的客座教授。在他之前,只有谢冰心曾应聘到东大来教过书。

这次日本之行,詹伯慧除了完成东大教学和文化交流的任务外,另有两项值得一提的收获,一是写了一本《东瀛杂记》,另一是催生了父亲詹安泰诗词遗作的刊行。

詹伯慧在东京大学(1980-1982)

在日本的那两年,詹伯慧走了很多地方,也接触了许多日本汉学界的人士。日本四十几个县,他走了一大半。南边到了鹿儿岛,只是没有到冲绳,北边北海道几乎都走遍了。头一年假期回国,路过香港时,《文汇报》的老总、著名作家曾敏之就跟他提出,希望他将在日本所见所闻、所思所想写成系列散文,在《文汇报》辟个专栏连载。因此,他

东京大学中文系教师在东京涩谷为詹伯慧教授五十华诞设宴祝寿（1981）

就每周一篇地写下去。《东瀛杂记》，前后共40余篇。回国后就交武汉大学出版社出版，一次就印了15000本，引起了很大的反响。读者爱看，学者叫好。1989年人民文学出版社将其更名为《日本面面观》出第二版；2011年他八十华诞之际，暨南大学出版社又出版第三版，以表贺寿。《东瀛杂记》文笔清新隽永，有真情，有文采，令人不忍释手。从中可看到詹伯慧语言学之外的另一种才华，又能让人看到几分詹安泰教授的影子。詹伯慧说，"文学，我一直没有脱离，我喜欢写文章，写散文。"

日本讲学，詹伯慧是"单身赴任"。做饭、洗衣以及种种家务，均是他自己打理。他的课排得很满，却有时间叫上友人一起喝他的工夫茶，听音乐看演出。这些对经历过"文革"下乡劳动连泥瓦匠都做过的詹伯慧来说，不是什么难事，却让东大的教授佩服不已。他很快就适应了在日本的生活，东京那连本地人都觉得复杂的地铁线路，他都能自如地搭乘。

除了超强的生活自理能力让东京大学教授佩服不已外，詹伯慧的交际能力也让他们赞叹连连。东大教授平山久雄回忆道，有一次詹伯慧先生得了病，有个博士生陪着他去东大医学院附属医院，医生看了就说："需要动手术，但这里不能做这种手术，给您介绍一所校外的

詹伯慧与日本语言学家桥本万太郎（右）、辻伸久（左）合影于横滨桥本教授家中

医院吧。"詹伯慧先生在那里住了半个多月，跟同房几个病人用英语和日语交谈，谈得很顺畅，病房里笑声不绝。其中与一位姓源宫的老人特别有感情，出院后平山久雄先生还和他一起去拜访了源宫先生在横滨的家，顺便也到附近的名园三溪园走了一趟。后来平山久雄先生自己也得了同样的病，就直接到那所医院开刀，他说尽管他的日语十分熟练，然而跟同房的人没有结成朋友的。

与平山久雄教授在横滨三溪园（1981）

詹伯慧与诺贝尔奖委员会委员马悦然教授合影于香港九龙（2001）

詹伯慧与法国汉学家李嘉乐（左）、贝罗贝（右）合影于巴黎街头咖啡馆（1990）

当时，詹伯慧是带着一箱父亲的书稿去日本的，因为已和饶宗颐约好，由饶宗颐负责在香港张罗梓印。这事又要从1979年说起。

1979年冬，饶宗颐应邀去湖北博物馆鉴赏出土文物，一到武汉就和詹伯慧取得联系。那天，詹伯慧陪饶公游览东湖，一同追忆先人往事。听完詹伯慧诉说詹安泰三十年来风风雨雨的坎坷人生，叹惜之余，饶宗颐把话题落到如何搜集、整理詹安泰诗词遗稿遗墨，设法梓印刊行这一"慎终追远"的大事上。他说："我一到武汉就急着要找到你，是想和你商量这件事。"并强调说，"祝南先生的遗稿是他一生心血的结晶，是宝贵的财富，一定要想尽办法刊行问世。"又说，"诗词稿本以影印祝南先生原手书刊行为宜。有困难我一定竭力帮助。"

说来也真有缘分，就在饶宗颐访问武汉的第二年春天，詹伯慧受教育部推荐，应聘去日本东京大学客座任教两年。而这年初夏，饶宗颐也应京都大学清水茂教授之邀，到日本访问讲学四个月。于是，俩人约定詹伯慧出国时把詹安泰手写的诗词遗稿带到东京，送到京都给他，由他负责张罗梓印。

6月初，詹伯慧带着父亲的书稿到京都三缘寺看望饶宗颐。在谈及为什么不住宾馆酒店而偏爱住进庙宇来时，饶宗颐谈了许多关于民族化和现代化的见解，举了不少身边的例子，赞赏日本在保护历史文物

詹伯慧夫妇与唐作藩（中）在马来亚大学（2013）

詹伯慧与饶宗颐合影于香港（1989）

方面、在民族化和现代化的结合方面的做法，当时，他还引述了日本朋友的批评："为什么你们中国人一修马路就想到要拆城墙？"

饶宗颐把詹安泰遗墨带回香港后，不出两年，就由他出面联系到热心刊行岭南文献的何耀光先生，并得到何先生的鼎力支持，作为何氏《至乐楼丛书》第25类，以典雅的线装影印形式，将《鹪鹩巢诗》和《无庵词》合刊印行。

近几年，詹伯慧从教学岗位上退下来后，拿起早已搁下的毛笔，写字自怡，并借此寄托对父亲永远的怀念。

"每当挥毫之际，小时候父亲教我临摹魏碑，在他写字时让我一边替他磨墨牵纸，一边细细欣赏书法的情景一幕幕呈现脑际，让我沉浸在童年的快乐回忆之中。"他从未想过要把写的字展示人前，倒是

詹伯慧出席第二届饶宗颐与华学·香港大学饶宗颐学术馆成立十周年庆典国际学术研讨会

詹伯慧出席书法展

詹伯慧挥毫

想写完送给亲朋好友，让他们也感受他的自得之乐。没想到的是，在他有了一定积累后，他的几位热心书画艺术的朋友提出把他的书法作品挂到广东画院的展览厅展览。

这让他受宠若惊。更让他意外的是，画院的朋友还找到了饶公（饶宗颐），告诉他要为詹伯慧办书法展的事。饶公脑子一动，写了个题词"文士情怀——詹伯慧书法展"。让他莫名感动：这不仅仅是对世交晚辈饱含深情的勉励之词，还有饶公对当前书道"行情"的思考。不正是借此题词鼓励有更多整天埋在书堆里做学问的"文人"也来参与弘扬传统书法艺术的实践，也来通过书道舒遣情怀呢？

詹伯慧在自己的书法展前留影

詹安泰的书法以秀逸的行书和凝重的碑体见长，尤以独具一格的碑体行楷见重于现代书坛。他还是广东书法篆刻学会（广东省书法家协会前身）成立时的二十多位会员之一，与大家所熟知的容希白、商锡永二老既同为中山大学中文系教授，又并以书法著称。

长子伯慧幼受庭训，很早便与书法结缘。据其《翰墨缘——小时候替爸爸磨墨牵纸》一文自述：小时候，在父亲写字时负责为其磨墨、牵纸；除了耳濡目染之外，有时也在父亲的教导下临摹字帖，由

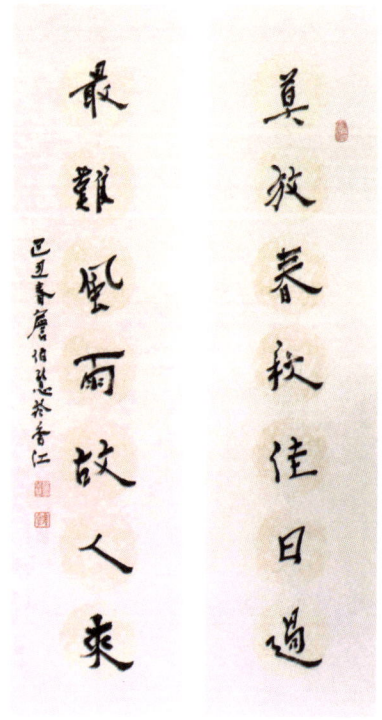

詹伯慧书法作品

此打下了扎实的基本功。他在文章中曾提及一个细节：20世纪40年代初，中山大学迁到粤北坪石时，他还是一名高小学生，当时中大中文系的研究生陈必恒先生就曾向他索要一幅书法作品。据此可见詹教授在少年时就已有相当的书法功力。因此，尽管他多年来甚少挥毫作书，但甫一出手，其作品便有超迈时流之处，显示出深厚的功力，俨然大家风范。

詹伯慧的书法，远宗魏碑，近师父亲詹安泰，虽以行书见长，但究其根源，却是从魏碑入手，而得力于《张猛龙碑》之处为多。《张猛龙碑》为北魏碑刻书法中之精品，其笔法方圆兼施，结字中宫紧收，笔画开放呈放射状；用笔变化多端，而规矩自存。该碑自清中期以后一直备受书家推崇：康有为推之"为正体变态之崇"，并谓其"结构精绝，变化无端"；杨守敬则称其"潇洒古澹，奇正相生"。他回忆，少时父亲就曾一字一字教他临习过该碑。这种少年时所筑下的根基至今依然深刻地影响着他的书法。同时，也正因其早年从魏碑入手，故其行书仍具有北碑厚重端严、雄强质朴的特点。

对家学渊源，詹伯慧的看法是没有也可以成才，因为还有别的渊源。进了一个学校，有好的老师，好的环境，这是一种渊源，学校的渊源。只要自己有这个志趣，而志趣的形成是多方面的，不光是家庭的。个人的志趣，家庭的影响，以及相关的学校，所从事的专业的老师等，都会有影响。

治学续家风

文质两炳焕

詹安泰家族

父母在家应跟孩子讲方言

推广普通话跟讲方言有矛盾吗？推广普通话是否就意味着取消方言？或者挤压方言的生存空间？这个问题，在粤语与普通话的关系上曾有过激烈的争论。不少民众觉得"推普"确实会压缩方言的生存空间。

这样的事，会发生吗？

方言研究大家、著名语言学家詹伯慧的答案是：不会。

詹伯慧对"推普"和发挥方言的作用这两者的关系有非常清晰的界定，将问题上升到既有语言应用的大格局，又有顾及地方特色的人文关怀和乡土意识的层面。他非常难得地，在大家一边倒地大张旗

詹伯慧在澳门出席汉语人文学术的现状与前瞻国际学术研讨会（2012）

詹伯慧在澳门首届粤语论坛上发言（2013）

鼓、轰轰烈烈地"推普"时，能够清醒、明确地呼吁"留住方言留住根"，提醒人们注意方言的研究与应用。在一些人不明就里，将方言与普通话对立起来的时候，又能及时地站出来纠正那些偏激与出格的言行。

这些都体现了他过人的胆识、眼界和胸怀。

在"国家推广全国通用的普通话"，各级各类学校都采用普通话教学（这是国家的语言政策）的情况下，如果各个方言区（尤其是城镇）的家庭父母坚持对其子女使用方言，便可以延续方言的存在，继续发挥方言的作用；否则方言使用人口便会逐渐减少，逐渐衰落，甚至失传。

詹伯慧很重视方言区城镇家庭中对子女使用方言的问题。2010年6月9日，他在一次接受《羊城晚报》记者张演钦采访中，对于有人认为，由于幼儿园和小学使用普通话教学，导致小孩不会说广州话的看法，回答说："你的小孩在幼儿园里说普通话，在家里你就完全可以和他说粤语，你不应该让他忘记了生下来就学会说的广州话。如果家长在家里说粤语,但孩子不懂粤语,那是家长的责任,说明你和孩子用粤语交流得太少。"

这也是他的亲身体验,值得重视。

他执教逾六十年,教学、科研、著书立说三结合,同时重视方言研究与语言应用。他说:

"我的观点从来都是推广普通话,是要在我们的语言格局里面推广一种,即普通话,保留多种,即多种方言,使我们的语言生活从单一过渡到多元化。单一指的是,我们是方言大国,每个地方都有方言。每一个人生下来就会说方言,方言是不用学的。所以推广普通话是要使得每个人在他不用学就会说的母语之外再学一种大家共同使用的语言——普通话。对于我们这样一个有13亿人口的大国来说,这样做是必要的。我说的是推广普通话并不是要把我们的语言生活从单一的方言变成单一的普通话。单一是不行的。"

"但是光有普通话,不要方言也不行。我写了很多关于语言应用的文章。特别提到了20世纪50年代百花齐放、百家争鸣。那时极力推广普通话,雷厉风行。但方言在文化领域里的作用是不可替代的。因为中华的优秀文化、灿烂文化,是包括主流文化和地域文化的,地域文化的载体是方言。"

"有两种人,一种人反对"推普"是别有用心,他本身的思想就是排斥外来人、外来务工人员。他们这是借题发挥。觉得外来人侵害了本地人的利益。他们要维护的是本地人的利益,而不是方言的利益。另一种是对语言和方言缺乏认识,以致产生误解。如果客观地、冷静地看待问题,就是我们的语言知识没有很好普及。我们首先应该反省我们自己,我们普及语言知识的工作实在做得太少了。所以,后来我在《学术研究》上发表的文章,就明确表示我的观点:我们应该反省自己,我们普及语言知识做得太不够了。"

这些真知灼见,倘不是像伯慧先生这样既精通汉语言文字,又攻

詹伯慧部分著作

读过英文、法文，掌握了粤方言、客家话、潮州话、西南官话、北方方言以及吴方言，是不容易提出来的。

　　车同轨，书同文。这是在两千多年前的秦代，已经从行政上规定下来并加以推广的方法。不管方言多么复杂，用汉字记录下来的文学、哲学、科学著作以及生产、生活经验，都是所有识字的汉民族以至少数民族所能读得懂的，并成为共同的文化财富。汉语的"雅言""通语"，也就是两千多年前中国各地的书面共同语。有了这样统一的汉语言文字，使我国优秀的历史文化完整地保存下来，而建立在共同语基础上的汉语，成为世界上发展最快的语言之一。

　　今天，只有大力普及了普通话，又充分发挥了方言的作用，"推普"才算是真正成功了。这需要大家对方言的作用有深刻的认识。最关键的一点就是要正确理解方言与文化密不可分的关系。

　　众所周知，语言是文化的载体，而地域方言当然就是地域文化的载体。很浅显的道理，离开了粤语这个方言载体，哪有什么粤曲、粤剧可言？要传承发展远近驰名的客家山歌这一客家文化的代表，又怎能离开客家方言？大凡民俗风情、工艺美术、饮食起居、婚丧礼仪等也无一不以其独具一格的地方方言栩栩如生地呈现出来。一首千古吟诵的"少小离家老大回,乡音未改鬓毛衰",道出了乡音的无限情感魅力。

所以,从今后的发展趋势看,普通话作为社会主要的公共交际用语,方言作为乡亲之间的沟通用语和家庭用语,将在我们的社会生活中继续相伴而存,发挥着相互不可替代的作用。

多做语言的导游，少做语言的警察

微信时代，相信大家对跳跃着诸如"特么""妈蛋""闲得蛋疼""傻low"和"贱人""便宜你妹"等类似字眼的文章并不陌生，时常有看到。有那么一阵子，甚至各个大号的头条标题都争先用上"特么""妈蛋"，以示身在潮流之中。

对这样的语言现象，詹伯慧表示，他没看过这样的文章，不做评判。他说，语言的问题，是一种文化现象。在社会发展极其快速的时期，会出现很多语言现象，这是正常的。语言本身是发展的，电脑上的语言也是在发展的，不过作为交际、沟通工具这一功能不变。语言是用来沟通的，如果年轻人喜欢这样沟通的话，不一定那么讲究了。提倡多做语言的导游，少做语言的警察。多看看，不要动不动就亮红灯。语言规范一定是滞后于语言发展的。要享受语言带来的快乐，但也不是说不要交通灯，多看看，等一等，不要动不动就挥动警棍。

关于语言，詹伯慧有两句有名的口头禅，一句是"多做语言的导游，少做语言的警察"，另一句是"要做生活的有心人"。

"多做语言的导游，少做语言的警察"主要是针对语言规范问题而言。语言不是静止的、一成不变的，而是动态的、发展的，有一个自我调控自我完善能力的系统。语言工作者"既要本着克服语言运用中的混乱现象,重视语言纯洁健康的态度来积极研究语言规范,维护语言规范,又要使规范的语言在实际运用中有一定的宽容度……不要老是当语言的警察,当语言的法官,不妨多当当语言的导游,把人们带进绚丽多彩的语言海洋中,让人们尽情享受语言世界的乐趣"。在这种语言观的指导下,一些新词、有表现力的方言词刚刚出现在普通话中时,就不会马上被贴上异类的标签,出现"老鼠过街人人喊打"的局面。尊重语言事实,先让语言系统自身来调节,就不会轻易把它一棒子打死。

"做生活的有心人"强调要对语言细心、敏感,这是他多年钻研语言所得出的心得。在谈到旅馆业重复命名问题时,他以三个坐落在广州不同地点、均用"华侨"冠名的旅馆(华侨大厦、华侨酒店、华侨旅社)为例,三个旅馆的英译名均是"Huaqiao Hotel",汉语的名称也相似,这样的专名应加以规范。他还举了天河区四家以"天河"命名的"天河大厦、天河宾馆、天河酒店、天河楼"。这些旅店名称的搜集看来好像是信手拈来,实际上需要日常生活中的细心观察。

要强调的是,语言规范的目的归根结底是为语言的应用服务,也就是为了让大众能够更好地进行语言交流。现在常见的"非规范"现象一般是由"约定俗成"而生。语言虽然跟逻辑有千丝万缕的联系,但逻辑思维跟语言形式间并非一对一那样整齐配对。换句话说,就是任何语言中的语法表达,并不一定完全符合逻辑。比如"大人吃大碗,小孩儿吃小碗",这句话按逻辑是有语病的,但人们习以为常了,都知道叫他吃的不是碗而是碗里的东西。"今天阳光灿烂,到外面晒太阳去"也一样,"晒太阳"也是日常惯用的词组,很少人说"出去被太阳晒"。但是,大家都没有把这些看成病句,因为这是"约定俗成"了。可见,在语言学里面,"约定俗成"的威力要大过一般逻辑。

治学续家风
文质两炳焕

英超解说第一人：詹俊

詹安泰家族

YINGCHAO JIESHUO DIYIREN
ZHANJUN

詹俊，中国职业足球评述员，解说以国语（普通话）为主。以资料详细著称，业界甚至流传着『无詹俊，不英超』的说法。2001年至2012年期间供职于ESPN STAR Sports亚洲台。2012年返回国内发展，在PPTV体育担任评论员。2015年7月正式加盟乐视体育，将为乐视体育的用户独家带来2015—2016赛季英超、温网等体育赛事的解说。

治学续家风
文质两炳焕

詹安泰家族

我们詹家是读书人

詹俊的祖父是岭南词宗，大伯是语言学家；父亲詹仲昌毕业于武汉水利电力学院且是"文武全才"：字写得好，画画得好，音乐厉害，球又踢得好，成绩偏偏还非常优秀，高考时如果不是遇上父亲被打成"右派"，上清华北大不是什么问题。

詹俊，就是在这样的家庭环境下成长为足球"名嘴"的。其实，对今天的年轻人来说，詹俊的知名度要比祖父和大伯高得多，他微博的粉丝就有约900万。因为，中国最大的粉丝团是足球团，而看足球的人少有不看英超的。不知从哪年开始，就已经是"无詹俊，不英超"了。这话的意思是说，没有詹俊的解说，英超看着也没啥劲，甚至不用看了。

而说到古典文学，一般人能看完四大名著的就算不错了，哪还知道近代词坛的代表人物和作品。语言学则更是一门"冷"学，方言研究就更"冷"了，在媒体上看到听到最多的是经济学家、金融学家，语言学家实在太少见了，以至于面对泰斗就是有眼不识。

但，这些于我们大众是这样，于詹俊就不是了。

从小，詹俊就时常听到父亲提醒他的一句话：我们詹家是读书人。从小，他就知道祖父是词学大师，自己家是书香门第。

詹俊从小就好动，但凡运动项目玩一玩就会，真是人才啊。一般体育教练看到他，都会眼前一亮。小学时，就不断有教练找到詹仲昌，有想拉詹俊练乒乓球的，有想要詹俊加入足球队的，都被父亲婉拒了。他认为詹家是读书人，体育玩玩就好，但往这方面发展是万万不能的。

小时候好动的詹俊

为了让孩子的心静下来，母亲找来书法老师，课余教詹俊练书法。楼下的玩伴抱着足球喊自己名字，詹俊却不敢答应，只能埋头练字。詹俊记得，临摹最多的字帖是颜真卿的《颜勤礼碑》《自书告身帖》。如今已过不惑之年，詹俊非常感激当年父母逼着他学书法，他觉得书法培养了他的耐心、专注力和审美趣味，这对他后来的学习工作有着重要影响。

不过，詹俊对体育的热爱显然未被书法转移。

小学时，有一次大家在课堂上畅谈理想，同学中有说当科学家的，有说要当医生的，也有说想当教师的，而詹俊的理想显得极为另类——想做一名足球运动员。他父亲要是听到，少说有一顿骂。那时一有空，他就会去踢球。有一张大概30年前拍的照，那是一个下午，一位刚踢完球回家的少年跟妹妹在客人相机前的留影。相片里的他穿着5号球衣。

有机会就去踢球，没机会创造机会也要去踢球，这是少年詹俊相当长一段时间内的生活写照。当父亲的，看见儿子这样头就痛了，管得也就更严了，严到每天盯着詹俊出门穿的是什么鞋，凉鞋可以，球鞋是不行的。那时，他已经不准儿子放学后去踢球，说心会散，影响学习。

治学续家风
文质两炳焕

詹安泰家族

詹俊与母亲

高一那年,父子矛盾终于爆发。詹俊说,那次他特意穿凉鞋出去,球鞋放在包里。一出来就海阔天高了,十几个人骑着自行车到处去找踢球场地,从东山到海印桥,再到中大附小,走了一大圈才找到。可踢球时,同学一球传来,詹俊冲顶,光顾着看球没看球门立柱。眼镜当场碎掉,血马上流了下来。送到中大医务室,缝了三针。额头肿得像猪头。想到父亲会动怒,詹俊就去奶奶家"避难"。他说,那时家里还没有电话,打电话到邻居家喊父母过来,父亲在电话里就开骂了。父亲第二天一进奶奶家门就一巴掌,说:"我特意看你有没穿球鞋出去的……"

詹俊说,他知道父亲对自己期望高,但他觉得自己不是

詹俊(前排起第二个)参加市里书法比赛

学霸型，不怎么追求成绩，学习好但不拔尖。可长辈们觉得他可以，成绩不拔尖是因为心思没放在学习上。他在华附读的初中，读高中是在七中，那时，学校排名中，华附比七中要好。不过，他觉得七中比华附好多了。华附远离市区，有点像集中营，里面都是精英，压力大。七中在市中心，学校和同学营造的氛围完全不同，大开眼界，竞争也没那么激烈。但高中第一学期，他的成绩并不怎么好。

不过，高一下学期，父母的恳谈让詹俊有了根本性改变。

父亲跟他说："你要收心，已经从华附到七中了，再这样就考不上大学了。"不知为何，这句话触动了他，在那一刻，他似乎一下子触摸到大学与读书人之间的关系。他觉得，自己无论如何也要读个大学，且不能是差的大学。然后，大人眼里的詹俊开始开窍了，放学后，和几个同学去中山图书馆温习功课，回家后继续努力，学习和运动的关系处理得很好。然后，成绩上来了，跻身年级前十名。"但我爸出国前还有点不放心，有一次我在图书馆温习时抬头看窗外，看到了我爸爸。"詹俊说。

其实，詹俊对体育的爱好跟爸爸有关。

詹俊的父亲詹仲昌也从小喜欢运动。他小时候在中大小礼堂前踢球时曾偶遇贺龙元帅，当时贺龙还过来跟他们握了手。得到了鼓励，詹仲昌踢球的劲头更足了。

詹仲昌对子女要求很严格，对詹俊尤其严。詹俊说，他是从小被打大的，不过，自高一那次因踢球受伤被打后，父亲再也没打过他了。除了学书法，詹仲昌还严控他的娱乐时间，但唯独足球例外。英格兰足总杯决赛一般在5月中下旬进行，距期末考已很近，但每逢足总杯决赛的周末，他都会破例让儿子看比赛。

1982年夏天，父亲把闹钟调到凌晨两点，擦洗干净客厅的红砖地板，铺上凉席，然后和儿子睡在凉席上，等待西班牙世界杯的决赛。

詹俊迷迷糊糊起来看球赛，赛况如何早已忘记，却记住了当时意大利的门将佐夫和父亲年龄一样大，以及神奇前锋罗西。这是他最早的世界杯记忆，是跟父亲紧紧联系在一起的。

詹俊称父亲是传统的知识分子，教育方式是自上而下的。詹俊一直觉得父子间很难做到像朋友一样地平等交谈，即使自己年岁渐长似乎也没有变化。为此，詹俊留意过不少同学的家庭，发现只要父母是知识分子的，想要平等交流都比较困难。此类父母一般会按照自己的经验制定规则，儿女们只能遵照执行。

对詹俊来说，大部分时间都是父亲在教育他，只有谈论足球时他们才能够以平等身份来讨论、交流彼此对球队、比赛的看法。这些抛开父子等级界限坐而论球的时刻，是詹俊想起父亲时最美好的画面。

他还因为父亲而爱上利物浦队。他回忆，爸爸是巴西球迷，但看巴西队比赛只能等世界杯。正好，那时广东台每周播放的英格兰联赛中，利物浦是唯一坚持传控打法的队伍，就这样，看得多了，就喜欢了。当时，如今的英超还叫英甲。那时的利物浦就是现在的巴萨。

利物浦队标

詹俊一家合影（从左往右依次为詹俊、詹俊父亲、詹俊妹妹、詹俊母亲）

"利物浦全队上下有一种拼搏的精神，不服输，跟你死掐。还有它的队歌'你永不独行'那股精气神。这个俱乐部有很好的传承。"

不过，虽然詹仲昌自己也非常喜欢运动，特别是足球，但他仍笃信读书更重要，常把"我们詹家是读书人"挂在嘴边以提醒詹俊。

无詹俊，不英超

詹俊大学时期加入网球队

詹俊顺利考上了中山大学，他对体育的热爱在大学里终于得到释放。

进入大学后，詹俊开始对网球非常感兴趣，跟其他运动一样，网球很快就打得很好，进入校队。后来代表中山大学参加全国大学生网球赛，单打进入了前八，双打进入前四。"业余里的专业水平"，这是众人对他网球水平的评价。

詹俊说，那时候中大有"装锅"接收卫星信号，在教职工宿舍就

詹俊1994年参加全国大学生网球赛

詹俊打网球

可以看到卫视体育台。20世纪90年代初,一到温布尔顿网球赛,就有许多同学聚集到朋友家看直播,可以听到许乃仁、胡娜和刘中兴三人专业的解说。外公是中大历史系教授,专研国际关系史。大学时,詹俊总招呼室友们去外公家看国足的比赛,一起见证过兵败伊尔比德。

1995年,大学毕业前,广东电视台体育部缺少外语翻译,大伯詹伯慧介绍詹俊过去实习,翻译美联社、路透社等外媒的体育新闻。每到英超直播前,也负责帮解说员王泰兴翻译比赛资料。王泰兴早已是国内解说界的泰斗人物,和名嘴宋世雄齐名——"北有宋世雄,南有王泰兴"。

一个月后,他发现自己热爱这个工作,便推掉奔驰宝马汽配公司提供的职位,选择前往广东电视台。

在广东台,除了翻译工作,詹俊也被拉去解说网球,而第一次解说足球是在1997年12月底。那是个深夜,因为解说嘉宾没到位,王泰兴只能自己进演播室,他觉得独自解说效果未必好,便拉上了詹俊。詹俊不敢进去,王泰兴告诉他,别紧张,你也是球迷,就把你作为球迷看到的说出来,不用多想。詹俊忐忑地进了演播室。

那是一场英超比赛,对阵的是利物浦和纽卡斯尔联队。两支球队都是传统强队,詹俊又是利物浦球迷,对双方球员很熟悉,解说时,哪名球员接球,哪名球员射门,詹俊都直接说出了名字,不像其他解说员,习惯于先说号码,再对名字。

当时足球报总编谢奕常和詹俊打网球,他看了比赛,问詹俊,为什么能做到这么熟练?詹俊回答,因为对两支队太熟了。谢奕又问,其他球队也能做到这样吗?詹俊回忆说,这句话让他茅塞顿开,从那时起他就开始想,应该眼光平等,了解所有球队和球员。

此后,他不仅做翻译工作,也解说越来越多的足球和网球。他一个人住在广州老城区,看起来,会在广东台一直呆下去。这样一过就是5年。

广东电视台工作照（2000年欧锦赛直播）

詹俊在广东电视台（刚入台）时的工作照（担任摄影）

2001年，总部在新加坡的ESPN卫视体育台买到了中国内地的英超直播版权，但部门老板陈尚来对足球的中文解说不满意，他对广东台比较熟悉，打听到了詹俊。詹俊当时并不明白ESPN为什么找自己，自己普通话不好（在CCTV这是前提），并且没有独当一面当过主持人。现在回头看，觉得ESPN看中的不是这个，考虑的是其他方面，比如知识储备，对这项运动、联赛知识的了解以及场上形势的判断等全方位的能力。

詹俊说："成熟的主播解说一般年纪都在35岁以后，我当时29岁，也没有做主播的经验，却得到了这个机会。所幸我学东西快，没辜负老板的期望。一年后，老板说：各方面的评价我完全超乎他们意外，我也松了口气，没给广东台丢脸。因为在ESPN没有过直接从国内签下主播的先例。"

当时，王泰兴不舍得詹俊走，但ESPN卫视体育台是公认的亚洲最专业的体育频道，台里的领导觉得光荣，机会也难得，詹俊很快成行。出国时，他只带了一个箱子，塞满了解说资料和专业书，出关时，因为超重，还被广州海关罚了款。

2001年9月18日，29岁的詹俊到ESS（ESPN与卫视体育台合作，在新加坡成立的ESPN卫视体育台的简称）报到，成为解说评论员团队中

詹俊与王泰兴老师

最年轻的一位。他不但解说比赛,还要播新闻、录集锦节目。

在新加坡,詹俊抓紧"充电",这里的生活也像远离江湖,经常一天也接不到一个电话,两点一线:在家睡觉,步行或骑车上下班,有空也锻炼身体;到了公司,就去储物柜拿一件大衣和一盒喉宝进演播室。

ESS位于新加坡宏茂桥,同事陈熙荣和李元奎租住一起,他们空了一间小书房,让詹俊搬进去,正好是老中青三代解说员。其他两人不上网,詹俊住下来第一件事是申请装网线。

这家国际电视台远比广东台专业化,导播室就至少有十个人分工,摄像,音响,导演,场记,字幕,灯光师,各管各的。詹俊想起在广东台,这些活儿有时是一个人全包了的。

在公司内部直播间,能看见全球最专业体育台天空体育的后台工作流程。安迪格雷和理查德吉斯是天空体育知名的足球解说员,但詹俊常在屏幕上看到,理查德在演播前喜欢把双腿跷到桌子上聊天,过于放松,他一直有点担心他们。果然,2011年,一场球赛中场休息时,两人误以为线路已经断开,发表了歧视女性的言论,传到了全部观众耳朵里,最后被炒了鱿鱼。

新加坡的国际信号里,能看到中国内地没有的各种解说。例如,南美的世界杯外围赛,詹俊听到了桑巴风情的英语解说;欧洲的各国

詹俊在 ESPN 演播室

足球联赛，詹俊又见识到了不同解说员单口、对口的解说习惯。他眼界大开，不断进步，不仅有了西方解说员的激情洋溢，也有了粤语解说员的语速，并且愈发擅长整理资料，解说时信息量丰富。

在中国国内球迷圈，ESPN詹俊的名声渐起。看球前扫一眼直播链接，常常看到括号里有"詹俊解说"四个字——詹俊已经是直播频道吸引球迷的招牌。在体育论坛里，比赛前也常看到"求詹俊解说链接"的帖子。

而从2000年开始，ESS买赛事版权就会感到很大的竞争压力，2004年开始，已经没办法和央视5套竞争了。时任ESS大中华区制作总监及多语言频道总监的陈尚来曾对媒体表示，赛事版权供应商看钱和市场影响力。央视5套可以低价买很有吸引力的赛事，慢慢就壮大了。在中国内地市场的亏损，要由其他地方的盈利填补。ESS越来越重视印度市场。中文节目在ESS中逐渐减弱，如果直播时间冲突，演播室不够用，中文直播就要让位。有的中文节目制作人员因减薪、得不到尊重等原因离职。因人手不够，詹俊工作量倍增。从2009年开始的英超直播，詹俊每个周末要一个人解说三到五场球，还要加上录制英超前瞻和英

詹俊谈英超

超精华。一周中仍有体操、田径、铁人三项等杂志(专题)类节目需要完成。中文解说，受众当然是听中文的球迷，詹俊说，虽然忙，但如果内地的球迷都能看到，也认了，但现实却是ESS逐渐淡出国内市场。他觉得生活要做出些改变了。

2011年夏天，作为利物浦球迷的他在广州看利物浦热身赛，赛后散场时被球迷认出，被众多球迷围住要求合影签名，一度引发现场混乱招来保安。从那时开始，詹俊真正意识到"我（在内地）的关注者很有指向性，英超球迷较多的地方我很难都满足球迷签名合影的要求"。当时，业界给他的评价已是"无詹俊，不英超"。

他也曾考虑过回国，但那时只有传统媒体这一条路可走，回广东台或者去央视。他已经在ESPN呆过，这两种选择都令他乏味。2012

年，ESPN失去了温布尔顿网球公开赛的中国内地版权，这让喜爱网球的詹俊心灰意冷。他也留意到，随着国内视频网站的直播水准提升，未来传统电视台会渐渐失去优势。詹俊觉得时机到了，那年夏天，他与新浪体育签约，决定回国。

在2011-2012赛季第4轮"英超精华"中，詹俊在节目最后用近年来不断流失球员的阿森纳过渡，一语双关地说："铁打的营盘流水的兵，谁管将军成路人。好了，这也是我在ESPN卫视体育台录制的最后一期"英超精华"，感谢各位11年来的支持和鼓励。我是詹俊，后会有期。"很多国内球迷说，听完他说的最后几句话就"泪奔"了。

在新加坡11年间，专业的ESS电视团队提供给詹俊优越的展示平台，让他提高了技艺，也让他成为中国内地、台湾球迷熟知的解说员。在宣布离职后，ESS台湾办公室的电话被球迷打爆，问的都是为什么放走詹俊。多年来，ESS高层一直将台湾认定为足球沙漠，以为没人看足球。

把解说当成一门学问来做

看詹俊的解说生涯轨迹,你会觉得出奇地顺利和简单,没什么跌宕起伏的情节,也无须在迷思中挣扎一番。一个月时间里,他就找到了很多人终其一生都找不到的人生方向——想做什么事情。两年后又在人生第一场解说中,再次聚焦自己的人生方向,找到自己的解说风格。

就是1997年被王泰兴拉上场的那一次,第一次解说遇上的就是纽卡斯尔对阵利物浦,两支队他都很熟悉。对比赛、球员熟稔于心,不用低头看资料,看到镜头画面就能够迅速说出球员的名字。

都说机会永远只会降临在有准备的人身上。如果不是他平时有所思考或探索,是很难想象被某人一句话就能点醒的。体育解说让詹俊在家庭强调的"读书人"和个人喜爱的体育之间找到了一个平衡点。中规中矩做下去,是一种方式;但还有另一种方式,就是有思考地做,总想着把事情做好,并且找到自己最适合的那个点。所以谢奕的一句话才有了那么大的价值。

现在,詹俊对解说有自己的看法和定位,他认为解说就是一门学问。既然是学问,要做好,就要有钻研精神。

首先它的挑战性非常强。每场比赛,哪怕是同样的球队,同样的对手,从备战到现场状态,都是未知的。可能相似,但永远充满变数,都有变化。每次解说都有挑战,怎样观察它的变化,需要扎实的功底,需要很多方面的基础知识。国家、球队、球员,每个星期每天都在变,要有足够的知识储备来应对。

其次是镜头语言上的变化。镜头的切换、特写,都在有意识地告诉你一些信息。要解读难度大的信息,要有足够敏感的判断,才能准确解读。没人敢说能100%准确解读镜头语言,包括国外优秀解说员。如果不把它当作学问做,那么多信息,你就无法组合,更不要说说出来了。

再次,比做学问更具挑战性的是它的时间要求。一般的学问可以慢工出细活,慢慢做,可镜头是几秒之间就过去了,你要马上判断它

詹俊与张路指导

说的是什么,俱乐部发生的事、球员的事,你的脑要转得非常快。要在短时间内做出判断、解读,难度是相当大的。

现在的球迷要求高,很多是某队的"死忠",他们对球队、球员的了解可能比你还多,如果你不如他们,球迷就会有不满情绪。完全满意不可能,只能尽力去做。这就是这项学问的挑战。

詹俊说,"解说就像做测验一样,这次拿了高分,下场却难保证及格。如果你专注度不够高,身体疲惫时,都会出错。我对自己要求高,有期待。我不能接受出错。所以必须有做学问的心态和努力。这样才能做得专业、职业。"

胡适的话则进一步给了他心理支撑。胡适认为做学问要做得比较出色,需要三样东西:第一个是他的训练是否足够,是否经过专业的训练;第二个是他有没有很好的做学问的工具;第三个是做学问的方法对不对。这是技术层面上的要求,另一个层面就是对这份事业是否有足够的热爱。

球迷最叹服的是詹俊的博闻强识,在同行中他有"活字典"之称。他似乎对任何球员都能如数家珍。镜头闪过一个球员的脸,无论他多么没有名气,詹俊也往往脱口而出,此人多大年龄,踢球多久,以前在哪里混,现在有何特点,甚至最近惹过什么麻烦——比如泡酒吧刚打了一架,或者因为交通肇事吃了官司。

画面从教练席一闪而过,詹俊会马上告诉球迷坐在温格旁边的那个眼袋大叔叫埃克斯,他是阿森纳队的队衣管理员,同时也是阿森纳女队的主教练,而且兼任阿森纳队的大巴司机。

比赛间隙,镜头打向观众席,詹俊能立刻告诉球迷出现在镜头里的信息:"连老虎伍兹都来为切尔西加油,他马上要为莱德杯做准备了……这位是杰拉德的表哥,也是他的经纪人……"

能做到这个程度,是准备工作做足和平时积累的结果。

每场比赛,无论是哪种级别,重要与否,詹俊都要提前准备三个小时。他工作起来不喜欢用电脑,把东西都写在A4纸上。打开一张A4纸,先对折一下,折痕把纸张一分为二,再用不同颜色的笔,保持工整,密密麻麻地把能搜集的信息都写上去,保证一览无余。每一场球所做的功课、每个赛季准备的资料全部都是手写的。詹俊说:"我不是记忆力惊人,靠的是平时积累,把东西抄一遍写一遍,我觉得这是有效的方法。"

在做这些工作的过程中,詹俊都有一种手艺人的感觉,觉得自己是个工匠,雕磨着自己的作品。

知乎上有很多对詹俊的评价。

一位名为"我是个在帝都折腾的胖子"的球迷认为,评价一个解说,比较重要的是观众的体验。詹俊的解说特点在于,他在直播前会做充分的准备。因此在他的解说中我们能听到大量的数据,以及足够多的花边新闻。作为一个单口解说,他在整个直播过程中,能迅速地合时宜地根据现场画面插播一些足球界的小趣闻,与观众有一些单方面的互动,极大地缓解了看球过程中无聊的情绪(毕竟大部分的比赛,还真的是没有那么激烈精彩,即便是英超)。即便是BBC,Skysports的单口解说,经常也会出现大段的空白,相比之下詹俊处理得要更好。同时又会带入一些专业的战术分析,在各个方面都会有涉及。

另一位用户则表示,所谓解说就是把场上发生的一切口述出来。但是国内绝大部分的解说那不叫解说,叫评论员。这个区别就像我给你一场比赛,你来写一篇记叙文,而不是让你写议论文。喜欢詹俊就是因为他都是在描述比赛,很少在解说的过程中讨论某个问题。大家再注意看其他的解说,都在那里针对一个小问题花大量的时间讨论,或者根本就不是说比赛中发生的问题。

在他的老乡张晓舟看来，评论足球包括解说足球的最高境界，是见识、激情与趣味的三位一体。用广东和香港地区的粤语解说，像是围炉夜话，娓娓道来，很有方言的韵味，是普通话比不上的，代表人物有香港的何辉、丁伟杰等；北方风格更多，刘建宏式的宏大叙事抒情，黄健翔式的敢于臧否人物的激情派，张路的懂球帝战术流……张晓舟说，但是詹俊似乎不能划分到任何流派，他是罕见的兼具了见识、激情与趣味的解说员，而在职业精神方面可能无出其右。

这或许跟他作为广东人普通话并不是那么字正腔圆有关，跟他的解说生涯工作轨迹有关，2001年后他属于"体制外"的解说员，而这在互联网时代成了他的优势。

见识、激情与趣味三位一体的解说，够抽象的。看个例子使它具体些。

2015年4月11日的一场英超比赛，终场前的一次激烈拼抢中，维拉队球员理查德森被对手扯掉了运动短裤，起身后却被裁判员出示了一张黄牌，詹俊立即调侃了一句："我裤子都掉了，你让我看这个？"这个段子引爆了观众情绪，很快被网友收入了"詹俊语录"。

"这场比赛踢得很沉闷，熬夜的球迷听到这句能笑出来，熬夜也变得没那么痛苦。"詹俊说。这句话来自网络流行的一个梗：我裤子都脱了，你让我看这个？这句话本来比较low，但把"脱"改成"掉"，既贴合场上情况，又没失分寸。

还有一个例子是2015年5月24日解说英超联赛利物浦队的收官战。这也是队长杰拉德穿着利物浦球衣的最后一战。利物浦队魂的告别战令全世界唏嘘。当晚比赛，杰拉德是全场唯一从头到尾全情投入的球员。利物浦队此战可说是溃不成军，历史性地才过半场就0比5落后，最终1比6惨败。唯一欣慰的是，杰拉德在下半场打进了为红军征战的最后一个进球。

这时詹俊赛后对着直播镜头的总结让球迷动容："我解说英超也

有18年时间了，看着杰拉德从一个毛头小伙子，成长为球队顶天立地的英雄，成为一个真正的男子汉，成为一个敢于担当的球队队长，也成为三个孩子的爸爸。……是的，他曾经摔倒过，他曾经滑倒过，他曾经自摆乌龙，他曾经回传失误，你们可以嘲笑他。但，他是一个忠诚的象征。那些失误，都是他从云端跌落凡间的瞬间……"

在这一小段文字里，他的文字功底可见一斑。

学问要做得比较出色，除了技术层面的要求，另一个层面就是对这份事业是否足够热爱。

詹俊说，有时他问自己，大冬天的半夜里，被闹钟吵醒，忍着睡意顶着寒风，打车去上班，你还这么热爱解说吗？而答案是——确实就是真爱。对这份工作，他说自己从来没怀疑、犹豫过，太喜欢了，超越热爱，到了沉迷的地步。外界环境的变化让做这行的很多人都转行了，而他就是认定了做这行。

让他充满动力前行的，不仅仅是球迷的认可，而是他在其中获得的喜悦与满足，是从搭档身上感受到的燃烧激情，让他不会困，不觉得累。82岁的李元魁指导每次从天津坐火车来京搭档，每场球都全情投入。他还说起自己跟张路合作解说联赛杯的事。2015年半决赛第一回合中，利物浦对切尔西。这是一场经典英伦顶级对决，两人解说都觉得意犹未尽，觉得不过瘾，约定一周后一定推掉所有安排，来解说第二回合。詹俊说，"这是一种太难得的境界。"

前文曾说过，其大伯詹伯慧简直就是为方言学而生的；对詹俊来说，他简直就是为足球解说而生的。他本身对足球的热爱以及对踢球的痴迷，他的文化素养构成，在"解说"这个点上得到引爆。他的解说总带着一种优雅，即便是调侃时仍不失雅致，自有一种风度。这在流行激情的体育解说圈实在难得。

因为热爱至沉迷，詹俊的生活完全是围绕着解说展开的。他的自

詹俊与李元魁同台解说

律在圈内是出了名的。只要是詹俊的解说，从来不用担心他会迟到，他一般会提前一个半小时左右到达演播室。

2015年5月20日，星期五，听说北京全城堵车，詹俊决定早点出门。下午4点不到他就穿好衣服，在随身水壶里泡了茶，给三只猫添了猫粮，背上包下楼。用手机叫的专车已经等在小区门口，詹俊上了车，直奔北四环西路的理想国际大厦。新浪体育演播室在20楼，进门时还不到5点，詹俊把包放在演播室桌上，给导播打电话，告诉他们，可以上楼开设备了。这时距离开球还有一个半小时，导播们习惯了詹俊到场这么早。

十八年的解说生涯里，詹俊从没迟到过。最险的一次是2012年国庆节，他刚回国不久，当时新浪的演播室还在复兴门，詹俊提前一个半小时从青年路上车。但北京比他想象中更堵。才走了几公里，车到慈云寺桥，就动也不动了。詹俊看了看表，觉得不对劲，马上下车，忍着新皮鞋磨脚的疼痛，狂跑冲进四惠东地铁站，在一号线上坐了11站，出了地铁再狂奔，跑进演播室时，距离开球还有十分钟。他满身是汗，尴尬极了。

詹俊与猫

但仅此一次。其他时候大都像5月20日那天一样,他穿着灰色西装,皮鞋光亮,不紧不慢走进演播室,放下包,拧开保温水壶散热,打开笔记本电脑,盯着网页,等待出场球员名单。

传承严谨家风,不烟不酒少社交

18年的职业生涯中做到从未迟到,难吗?难!真的很难!但詹俊做到了。显然,只有极为自律的人才能做到这一点。詹俊有这样的自律,来自小时伙伴们抱着球在楼下面叫,但他却坐在屋里一笔一画写毛笔字的训练;来自高一下学期开始放学后就背着书包去图书馆温习功课的"开窍";来自他对自己的期待与要求。

毫无疑问,还来自父亲"我们詹家是读书人"的提醒。现今已过不惑之年的他认为,从爷爷到大伯到自己的父亲,他们都有一种认真治学、低调做人的文人精神,对钻研学问,都有着一股执着的热情。大伯80多岁了,眼睛又不好,为了编撰方言大词典,一直到现在还每天骑着自行车上班。自己的父亲虽然治学的层面不那么高,但做事非常认真。詹俊说:"我非常自豪继承了这种认真的精神。我对我的工作很认真,这跟父辈影响分不开。"

在詹家三代人身上,可以看到严谨家风代代相传,虽然他们的职业各不相同。詹安泰连学生写的文章中引用的字句的出处都要一一考证,说不能以讹传讹。詹伯慧每一篇学术文章都建立在大量的调查上,即"田野调查"。数据详尽已是詹俊解说风格的体现,即使是在平时解说的准备工作中,詹俊也是一丝不苟地备好充足的缓冲时间,连做的资料笔记也是整齐非常。

詹俊打网球宣传照

从小的生活，就已经是这样，詹俊说："哪怕我爸爸不是做学术研究的，但平时都是很严谨的。工程上的绘图、处理公司的业务，都是有条不紊的。甚至工地上发生纠纷，公司里的人也会来找我爸，希望他帮忙解决。我爸在房地产公司里做的只是技术方面的事情，是高级工程师，搞技术的怎能解决工地上纠纷呢？可每次去，都能解决。这是建立在他的威望、他的认真严谨上的。大家相信他对工程的判断，他的公正。"

现在，已过不惑之年的他一如大学毕业时那样不烟不酒少社交。解说之外，有空就踢足球、打网球、看书和睡觉。在外人看来，很简单。他觉得简单的生活能让他静下心来，对足球网球解说各方面能潜心钻研。他说："要知道，解说员的知识面，要覆盖到方方面面。平时看书籍、电影甚至八卦，都是做功课的一部分。解读镜头语言，需要不断积累。"

事实上，除了严谨，詹俊解说时所体现的文字功力，可颇见其家庭影响。

网上，网友们整理出了詹俊语录，可时不时看到诗化的表达："斯科尔斯，还是老啦，想当年，金戈铁马，气吞万里如虎！""埃辛头球，有了，你看，这位加纳国脚额有朝天骨，眼中闪灵光，简直就是雷公下凡，金刚在世！""谁敢横刀立马，唯有范大将军！"

他的解说词还有不乏想象力的。调侃球员莱斯科特的相貌

詹俊在体育直播间

时，他说，"莱斯科特头上有个月牙形的伤疤，要是他去扮演包公的话可以省去一笔包装费"。美剧《越狱》的风行也被他引入解说："英吉·马森，有人说他长得像 Michael J Scofield（迈克尔·斯科菲尔德），可能是雷丁的球衣比较像囚服的缘故吧！"韩剧《大长今》热播时，他赞美韩国球星朴智星说："在韩国，女有大长今，男有朴智星。"甚至刀郎的歌也在他的解说中出现过——"托雷斯的绝杀，让奥尼尔觉得2009年的最后一场雪，有点冷。"

他也喜欢在解说中引入武侠概念："这招就是克劳奇版的仙鹤亮翅，刀下不斩无名之辈！""这次的左脚任意球像小李飞刀一样直插红魔的心脏。""里埃拉的发挥有点儿像六脉神剑，时灵时不灵，今天算是打通了利物浦队的任督二脉，让球队的功力猛增。""达夫一定是逍遥派的球员，脚下虽然蹒跚，还是把球带了过来。""坏小子巴顿又惹麻烦啦！明明是黑虎掏心拳，哪是八卦龙虎爪！"

其实，他刚进入广东体育台实习时，他编译的稿子就很受欢迎，除了一手好字让人赏心悦目外，更重要的就是稿子的文字表现力强。一位从小喜欢体育的小伙子，能够写出或即时说出文采斐然的语句，若说没有传承，不知你信不信，反正笔者是不信的。

更深的影响在精神上。

詹俊让评论界极为认可的一点，就是他不只对豪门球队熟悉，对

一些小球会也非常熟。这是他自己的定位，可以说跟职业设计有关，但也是价值观选择上的体现啊，因为得他自己感兴趣才能去做。

他对小球会，甚至是次级别的球会和非球星的资料收集都非常详尽，这样让他在解说一些豪门与小球会的比赛（大多是杯赛）时，对一些默默无闻的球员的介绍仍是滔滔不绝。这与其他华语解说员评述比赛时通常只会主讲豪门球队大相径庭。这与其说是同情弱者，不如说是平等对待，不管豪门还是小会，詹俊都给予同样的尊重。

詹俊认为，评价一个解说员对他的职业是否有足够的热爱和尊重，不是看他解说曼联对阿森纳这种巅峰较量，而是要看他解说一场低级别(水平)球队的比赛。这话，说得实在太好了。

除了英超和欧冠，詹俊尤其喜欢解说足总杯。足总杯1863年就由英格兰足球协会开始举办，与资本角逐、金元至上的英超相比，商业化程度较低的足总杯，给了许多小球队爆冷战胜豪强的机会。在詹俊看来，这里才能找到最原汁原味的现代足球理念——"足球是平民和工人阶级的运动，公平与平等至上。足总杯里，豪门切尔西能被布拉德福德队淘汰，曼城也能被米德尔斯堡干掉，一切是普通人的运动，足球场上不分贫贱高低，足总杯才代表真正的英国足球。"

但他也遗憾地看到，金钱正在收买英国人对传统的尊重。"足总杯被边缘化，以往足总杯半决赛的周末联赛要让路，但今年阿森纳和雷丁半决赛开打的同一时间，英超为收费电视台安排了切尔西和曼联的重头戏。"他只能以行动表示对足总杯的尊重。足总杯的赛程常被安排到深夜，但无论多累，他都主动要求解说。

詹俊小时候，只有周末才能睡懒觉，有时赖着不想起，厨房里飘出父亲爆的葱花酱油香，赖床的人马上给勾起来了。葱花酱油拌着一卷卷的猪肠粉，周日还要复习功课的烦恼马上没有了。时隔多年，那股葱花酱油香他依稀还能闻到。

治学续家风
文质两炳焕

WEISHENG

尾声

詹安泰家族

治学续家风
文质两炳焕

詹安泰家族

所谓世家，贵在精神的传承

詹伯慧说，他心目中的父亲是一个诗词家。他觉得父亲做学问最大的特长是多思，勤于钻研，而现在人做学问比较浮躁。现在的词学家，也很少有像他一样词论和诗词创作并举的。

詹俊说，他印象里的爷爷是个严肃的人，因为他就没见过爷爷有笑起来的照片，都是严肃的，有些忧郁的。父亲多才多艺，还很会做饭，是个很难得的人。他对子女管教极严。

詹俊说，自己希望别人记住的是——这是一个勤奋、专业的解说员。

詹家三代，勤奋真的是很突出的一个优点。不管是小时就已名闻家族的詹安泰，还是大学时已显学术才干的詹伯慧，还是现在被称为英超解说第一人的詹俊，他们都很勤奋。

这种勤奋，不是为了补拙，而是对自我有所要求之下自然而然有的举动。他们想做得好，所以去做，然后就勤奋了。

詹伯慧说，因为时代的原因，弟弟妹妹就难有机会上大学，有的还被下放到农村。我相信不止我家是这样，很多文化世家在那个年代，孩子的学业都中断了。而且过去的世家都是家里自己教孩子，现在的孩子受的教育模式完全不一样，是接受公共教育。他们大学毕业想的就是怎么谋一份工作,怎么挣钱立命,能够搞文史研究的就更少了。

詹俊说,由于中国特殊的情况,传承主要在精神上,而不是书籍上。从小,爸爸就以"我们詹家是读书人"这句话来叮嘱我们。詹家严谨的家风在几代人身上都能看到。我非常自豪继承了这种认真的精神。

用现在流行的一句话说就是,明明已经这么成功了,还这么勤奋,身为平凡的我们有什么理由不勤奋呢。